Bertu Teixeira

Despedida de CASADA

CB035288

Copyright© 2018 by Literare Books International.
Todos os direitos desta edição são reservados à Literare Books International.

Presidente:
Mauricio Sita

Produção editorial:
Patrícia Gonçalves (Cocriarte Produções)

Capa:
Estúdio Mulata

Diagramação e projeto gráfico:
Lucas Chagas

Revisão:
Bárbara Cabral Parente

Ícones:
Flaticon (www.flaticon.com)

Diretora de Projetos:
Gleide Santos

Diretora de Operações:
Alessandra Ksenhuck

Diretora Executiva:
Julyana Rosa

Relacionamento com o cliente:
Claudia Pires

Impressão:
Rotermund

Dados Internacionais de Catalogação na Publicação (CIP)
(Câmara Brasileira do Livro, SP, Brasil)

```
Teixeira, Bertu
     Despedida de casada : como assumir o controle
da sua vida após uma separação / Bertu Teixeira. --
São Paulo : Literare Books International, 2018.

     ISBN 978-85-9455-061-3

     1. Casais - Relacionamento 2. Casamento - Aspectos
psicológicos 3. Divórcio 4. Mulheres - Conduta de
vida 5. Mulheres - Psicologia 6. Separação
(Psicologia) 7. Superação - Histórias de vida 8. Vida
familiar I. Título.

18-13875                              CDD-155.643
```

Índices para catálogo sistemático:

1. Separação conjugal : Aspectos emocionais :
    Psicologia 155.643

Literare Books
Rua Antônio Augusto Covello, 472 – Vila Mariana – São Paulo, SP.
CEP 01550-060
Fone/fax: (0**11) 2659-0968
site: www.literarebooks.com.br
e-mail: contato@literarebooks.com.br

Despedida de CASADA

Dedico este livro a todas as mulheres que, assim como eu, um dia viram o seu sonho desmoronar. Mulheres que, apesar de extremamente infelizes, continuam em relacionamentos destrutivos e falidos. Mulheres que, na maioria das vezes, perderam a identidade em prol do outro e de uma relação a dois. E que com isso não sabem nem quais são os seus sonhos e o pior, do que elas gostam, simplesmente porque foram se perdendo de si mesmas ao longo dos anos e deixando a sua vida ser apossada e aviltada pelos seus companheiros. E, finalmente, para mulheres que querem superar o fim do seu relacionamento conjugal de forma mais rápida e equilibrada, independentemente da dor e das consequências da separação.

Agradecimentos

Agradeço a Deus pela vida e por me carregar no colo nos momentos mais difíceis. A meus pais Manuel Alves Teixeira (in memoriam) e Irene Martins Teixeira, verdadeiros guerreiros que migraram do sertão nordestino para o Mato Grosso no intuito de proporcionar uma vida melhor para toda a família.

Aos meus irmãos, que sempre me apoiaram em tudo, especialmente a elas (Lidu, Socorro e Docarmo), minhas irmãs mais que queridas. Agradeço e honro ao Tito, companheiro de jornada durante 29 anos, pelos filhos maravilhosos que me deu e tudo que construímos juntos.

Também aos meus filhos Guilherme e Ana, que me apoiam no meu trabalho e na minha vida. Eles são um presente de Deus na minha vida. Agradeço às mulheres que responderam a pesquisa.

À Patrícia Gonçalves, que me ajudou a ordenar os pensamentos e o conteúdo para proporcionar a produção do livro, e ao meu mentor Ricardo Bellino, que me incentivou a dar à luz a este projeto. "Queridona, você precisa contar sua história para ajudar outras pessoas", e me presenteou com o prefácio desta obra. É por eles e por todas as mulheres que, de alguma forma, venham a se identificar com minha história que hoje conto relatos da minha vida que me fizeram crescer como pessoa e contribuir para tantos recomeços.

Introdução

A lei do divórcio foi promulgada em 26 de dezembro de 1977. Em menos de dez anos, já haviam sido contabilizados 30,8 mil divórcios. Apenas em 2014, 341,1 mil rupturas foram registradas. Essa estatística nos mostra que não estamos sozinhas e também nos leva a refletir que nada é definitivo e que tudo passa, que os dias de sofrimento e tristeza passarão, os dias de amargura e solidão também, assim como os dias felizes junto ao companheiro passaram. A tempestade vai passar, mas, Você precisa abrir a porta para o sol entrar e te aquecer. Caminhe comigo pelas páginas deste livro e se reconecte com Você. O sol vai voltar a brilhar. Acredite.

"Era um dia festivo, os amigos estavam reunidos. De repente, uma foto no celular puxa o fio de uma traição que terminaria um relacionamento de 29 anos."

"De repente, Marcelo começa a ficar diferente. Evita a esposa, sempre reclama que está cansado, esquece datas de aniversário, some por várias horas e depois reaparece dizendo que o celular estava desligado. Até que um dia ele arruma a mala e sai de casa. Sem explicação. Apenas se encantou por outra pessoa."

"Um celular desbloqueado. De repente, a esposa resolve checar o histórico de acesso a *sites*, conversas e o mundo dela desaba. Ela encontra o que jamais pensaria achar. O coração dispara, começa a suar frio. Fica sem chão."

Essas histórias são fragmentos de vidas e rupturas de relacionamentos que acontecem todos os dias. Neste livro, trago para você um pouco da minha experiência sobre esse assunto, observações captadas ao longo do tempo nas sessões de *coaching*, conhecimento adquirido na minha formação em constelação familiar e entrevistas com mulheres que passaram pelo rompimento de uma relação. São relatos reais e autorizados de pessoas que viveram o fim de um casamento e que deram a volta por cima. Os nomes e alguns detalhes das histórias foram modificados para não permitir a identificação dos personagens.

Eu também fui uma dessas mulheres. Decidi terminar um relacionamento de vinte e nove anos e conto para você, leitora, esta história. Quando eu me casei tinha dezessete anos e meu marido, na época, vinte. Olhando para trás, concluo que éramos duas crianças. Na tentativa de manter nossas promessas matrimoniais, perdoei algumas traições, me empenhei em ser uma boa mãe e companheira. Mesmo assim, após todos esses anos, o casamento foi desfeito por mais uma (e a última) traição. Em meio à dor, precisei ser resiliente. Agi rápido, levantei a cabeça, sacudi a poeira e comecei a juntar os cacos e a recomeçar minha vida.

Talvez você esteja se perguntando "mas como fazer isso em meio a tanto sofrimento?". Um *spoiler*: precisamos nos encontrar, buscar nossa individualidade que muitas vezes foi colocada em segundo plano para que a união tivesse "sucesso". É incontável o número de mulheres em relacionamentos falidos, e que não buscam sair da situação, pois

Despedida de casada

não conseguem se imaginar sozinhas. Isso acontece porque muitas se entregam totalmente aos parceiros e acabam se esquecendo da própria vida, o que faz com que em um momento de separação elas se percam de si mesmas. Ou seja, este já é um sinal amarelo. Atenção: por mais que uma relação envolva duas pessoas (ou até mais, considerando a possibilidade de filhos), não podemos deixar de nos enxergar como mulheres e indivíduos que possuem gostos próprios. Assuma o protagonismo da sua trajetória!

Espero que, ao ler este livro, você possa elevar a sua mentalidade "pós-separação" a um novo patamar, uma nova forma de enxergar a vida e de viver. O meu convite é que você entre de cabeça nele e compreenda o que precisa alterar dentro de si para que as mudanças ocorram do lado de fora após o fim de um casamento. Acredite que nem tudo está perdido. Ao longo dos capítulos, você terá contato com toda a minha trajetória pós-fim de casamento: como lidei com cada situação que não envolvia só a mim, mas meus filhos, a importância do autoconhecimento, da independência financeira, do perdão, da vida de solteira e, também, como se sentir pronta e buscar novas oportunidades para que um novo amor possa acontecer, por exemplo.

Acredite: existe vida após uma separação! E sabe por quê? Porque a sua existência não se limita a um relacionamento amoroso. Não permita que o excesso de passado e o medo do futuro te tire a oportunidade de desfrutar do dom da vida com alegria e entusiasmo.

Prefácio

Em *Despedida de casada*, minha amiga e mentorada, Bertu Teixeira, fala de uma forma bem-humorada sobre um tema delicado e temido por muitos. Bertu confirma que, sim, podemos ter um *outcome* positivo mesmo em circunstâncias adversas, como por exemplo quando temos que enfrentar uma ruptura afetiva por meio de um divórcio.

Otimista patológico que sou, encaro esta obra como muito mais do que um guia de sobrevivência para os descasados e chamo a atenção para uma reflexão que pode levar a evitar chegarmos as últimas consequências com algo que adoto todos os dias da minha vida, nos negócios e na minha vida pessoal: o alinhamento de expectativas.

Trata-se de um acordo pré-nupcial moral que devemos adotar e exercitar no início de todo e qualquer relacionamento, seja ele amoroso ou profissional. Esse alinhamento de expectativa não se limita aos primeiros dias de paixão ou entusiasmo pelo novo parceiro ou sócio, mas, sim, a cada momento durante a jornada desse relacionamento. Exercitar o alinhamento de expectativas irá certamente aumentar sobremaneira a expectativa de vida de seus relacionamentos e fazer com que você viva mais feliz.

Por isso, o capítulo com o qual eu mais me identifiquei foi o primeiro: Razão ou emoção. Nele, Bertu fala brilhantemente sobre o alinhamento de expectativas que mencionei anteriormente. Mais do que isso, ela aborda as ações cotidianas que podem desgastar um relacionamento e que, com o passar dos anos, podem fazer o casal esquecer o sentimento nutrido um pelo outro devido às mágoas não resolvidas ao longo da jornada do casamento.

A manutenção de uma relação é necessária e, para o seu sucesso, é preciso estabelecer uma boa comunicação. Manter uma prática de *feedback* pode parecer excesso de corporativismo, mas é essencial para que situações desagradáveis sejam resolvidas e evitadas futuramente. Sem gerar mágoas e futuros ressentimentos.

Porém, se tais passos (e muitos outros) não são exercidos, o relacionamento realmente pode acabar. Bertu escreve para todas as pessoas que, em algum momento da vida, se encontraram em uma relação falida e decidiram se libertar e se reencontrar. Se identificou? Então, convido você a mergulhar na leitura deste verdadeiro manual salva vidas ;-).

Ricardo Bellino
Acelerador de pessoas,
Fundador da *School of Life Academy*

Sumário

1º Razão ou emoção	17
2º Hora de tirar a aliança	55
3º Autoconhecimento	69
4º Mãe e Pai	83
5º Independência financeira	101
6º Perdoar	131
7º Solteira, sim! Infeliz, não!	147
8º Bateu carência, e agora?	159
9º Pronta para amar novamente	175
Seguindo em frente...	193

1°

Razão ou emoção

A certeza do fim.
Acabou mesmo?

Despedida de casada

Você tem certeza de que o seu casamento acabou? O que realmente te faz acreditar nisso? Quais são as evidências? Neste capítulo quero conversar com você sobre essa certeza: "Meu casamento acabou!". Será que acabou mesmo? Ou é apenas uma frase dita da boca para fora, externalizando algo que não é sentido no coração, mas dito no meio de uma raiva, ou durante uma decepção?

O objetivo deste capítulo é verificar se realmente não existe nenhuma chance de reatar o casamento. Se você já tem a certeza do fim, eu recomendo que passe para o segundo capítulo, pois este é dedicado às mulheres que ainda acreditam ou desejam continuar o relacionamento apesar de desgastado.

Uma amiga minha começou a desconfiar do marido. Ele andava estranho, desinteressado pelo sexo, um tanto ausente e sem paciência com as crianças. Ela veio falar comigo e eu a incentivei a investir nela. Comprar *lingeries* novas, cuidar do corpo e praticar o reforço positivo com ele, além de umas técnicas de PNL – Programação Neurolinguística. Mas ela, por sua vez, resolveu agir da forma dela. Dias mais tarde, recebi uma mensagem no meu *WhatsApp* dizendo:

— Amiga, acabou. Ele me traiu.

Então, eu gelei e perguntei.

— Como assim? O que aconteceu?

E ela me respondeu:

— Clonei o celular dele. Recebia todas as mensagens no meu. Ele marcou o encontro com a amante e eu apareci lá para a festa ficar melhor. Estou arrasada. Acabou!

Eu conseguia ler nas entrelinhas que não havia acabado e que apenas a decepção tomava conta dela naquele momento.

Histórias como essa são mais comuns do que imaginamos. Após o "felizes para sempre" vem a convivência diária, os problemas, os familiares e a relação conjugal sempre se mistura com as contas de água, luz, estresses do dia a dia, noites mal dormidas cuidando dos filhos etc. Aqueles momentos de cumplicidade, de carinho e de namoro ficam mais distantes e a "grama do vizinho começa a ficar mais verdinha". Quando o casal não percebe isso a tempo de tomar uma decisão que mantenha o casamento de forma saudável, as cenas dos próximos capítulos normalmente serão

Despedida de casada

de desinteresse pelo outro e até a traição, ou uma verdadeira luta psicológica e maus-tratos de ambos os lados. É nesse ponto que o relacionamento fica insuportável.

Por isso, antes do fim é importante rever a relação e se perguntar: o que está fazendo o meu casamento acabar? Aquela resposta, "eu já tentei de tudo!", tem que ser reavaliada. Tentou de tudo mesmo?

- Como vocês se tratavam no início do relacionamento?
- Como era a fase do namoro?
- Ele é carinhoso com você e você com ele?
- Como você tem cuidado da sua aparência?
- O que vocês gostavam de fazer juntos? Continuam fazendo?
- O que fez você se apaixonar por ele? O que você mais admira nele?
- Quando você o vê ainda sente aquele frio na barriga, gela por dentro, ou é como se fosse um desconhecido?

São reflexões que precisamos fazer ao longo do casamento, pois, como já mencionei, as tarefas diárias e os estresses do dia a dia vão minando o relacionamento aos poucos. Se você respondeu que ainda sente aquele arrepio, isso pode significar muita coisa, inclusive que ainda há uma ligação forte que une vocês. E nesse caso, tem algo aí que precisa ser avaliado. E talvez não seja o fim do relacionamento.

"Não é o amor que sustenta o relacionamento, é o modo de se relacionar que sustenta o amor."
Autor desconhecido

Como você tem se relacionado com seu parceiro e ele com você? É uma relação de respeito? Cumplicidade? Ou o diálogo já acabou faz tempo? Quais são os seus sonhos? E os sonhos do seu parceiro? Quais sonhos vocês têm em comum? Ou pararam de sonhar juntos? O que ele faz que a deixa feliz? Você sabe qual atitude sua o deixa feliz? Essas simples perguntas podem responder principalmente que um casamento é feito de duas pessoas diferentes que se unem com a promessa de serem uma só carne, e isso quer dizer que ambos entrarão e se misturarão nas vidas um do outro, de forma íntima e profunda. No entanto, essa mistura precisa ser cuidadosa e bem interpretada para que a individualidade de ambos seja respeitada. Muitas vezes, na fase do namoro já são observadas as diferenças de valores entre o casal, e mesmo assim seguem em frente com o casamento porque o desejo e a paixão naquele momento falam mais alto. Quando há divergências, o caminho a ser seguido (mas que muitos ignoram) é o diálogo, a comunicação assertiva. Se não houver diálogo, com certeza estarão vivendo como dois estrangeiros totalmente desconhecidos morando sob o mesmo teto. Ou talvez as mágoas que vão se acumulando sobrepõem a qualquer tentativa de comunicação. E aqui, compartilho com vocês da minha experiência que aprendi

Despedida de casada

no mundo corporativo, a importância da comunicação e a prática de dar e receber um *feedback* de qualidade.

Existem duas frases que utilizo muito: "o óbvio tem de ser dito" ou ainda "você não tropeça em montanhas e sim nas pedrinhas pequenas". Em um relacionamento amoroso, muitas vezes, não manifestamos a nossa opinião por medo de não sermos compreendidas e acabarmos magoando o parceiro. No entanto, quando "engolimos" a nossa opinião estamos armazenando gazes tóxicos em nosso interior. E o que vai acontecer? Em momentos de aquecimento dos ânimos, uma explosão será gerada, resultando em sérios danos ao relacionamento conjugal.

E como fazemos para dizer o que sentimos em relação ao outro sem magoá-lo??

Existem duas práticas de comunicação indispensáveis no nosso dia a dia. Em todas as nossas relações, principalmente a amorosa:

1. Alinhamento das expectativas: seu namorado precisa saber o que você espera dele e vice-versa. Essa falta de alinhamento gera desconforto para um dos cônjuges quando a expectativa não é atingida. Quer um exemplo? Está aproximando o dia dos namorados e seu parceiro não é muito ligado nessas datas, mas você fica esperando a lembrança daquele momento que não vem e te causa frustração. Por outro lado, ele nem imagina que aquilo é importante pra você. Então, seria mais fácil se você sutilmente o lembrasse da data e dissesse o que espera dele. Saber o que outro espera de você é essencial para saúde do relacionamento. E você? Sabe quais são as expectativas do seu parceiro e o que ele espera de você? Poderíamos dizer que a ignorância é uma bênção, mas, neste caso, pode ser o fio da meada que levará ao fim do relacionamento. Portanto, sempre renove essas expectativas e mantenha um diálogo contínuo com seu companheiro.

2. Criticar a identidade e não o comportamento: seu marido termina de tomar banho e deixa a toalha molhada em cima da cama e isso te irrita. Se disser: "Você é um relaxado, essa toalha não tem pernas para sair daqui sozinha." Além de falar da identidade, você também usou de ironia na sua fala e, se prepare, porque a resposta vem na mesma moeda e o conflito é instaurado. Agora, se você disser: "Amor, essa toalha molhada deixa o colchão úmido, isso pode mofar o colchão e teremos gasto para trocá-lo muito antes do planejado. Vamos combinar um gatilho para não esquecermos a toalha molhada em cima da cama?" – essa frase poderá ter resultados positivos. Existe também o outro lado, ou seja, quando você recebe uma crítica feita pelo seu parceiro sobre sua identidade: "Você é muito mandona, acha que tudo precisa ser do seu jeito". Ao invés de responder na mesma moeda, pergunte a ele em qual comportamento você demonstrou ser mandona. Peça exemplos, peça para que ele cite o momento em que você foi autoritária. E se realmente você perceber que

Despedida de casada

apresentou este comportamento, peça desculpas e ajuda a ele para que você não volte a repetir o erro. A relação fica mais leve e é melhor ser feliz do que ter razão.

Certa vez eu atendi uma cliente de *coaching* de carreira e ela estava trabalhando o autoconhecimento para uma melhor liderança. Pois as pessoas percebiam nela um comportamento de mandona que era ignorado por Ela. Então eu a pedi que descrevesse o seu dia. Desde a hora que abria os olhos. Foi muito engraçado, porque ela foi muito autêntica na resposta e me disse. Eu abro os olhos, agradeço a Deus, acordo meu esposo e falo pra ele "vai fazer a mamadeira da bebê". Eu pedi que ela me dissesse novamente e, neste momento, ela se percebeu mandona.

É hora de rever alguns conceitos para ter a certeza de que o seu casamento realmente chegou ao final. Restabelecer a comunicação é o primeiro passo para esta certeza. Compreender qual é a linguagem do amor predominante de cada um é outro passo que considero importante na reconstrução de um relacionamento que um dia foi bom. Quando o casal entende o quão importante isso é para a relação, a conexão se estabelece, a harmonia aumenta e a aceitação entre ambos começa a ser mais sentida, assim como o amor, o respeito e a valorização. E acredite, isso é importante para você não se precipitar, mas também ter a certeza se realmente vale a pena continuar. Ao entender as linguagens do amor, a sua consciência aumentará e você terá a convicção de que a decisão tomada é a mais assertiva.

Estamos usando a linguagem certa no nosso casamento?

Sabia que nem sempre a sua maneira de demonstrar o seu amor é igual a do seu companheiro?

Segundo o Dr. Gary Chapman, conselheiro conjugal e autor do livro *As cinco linguagens do amor*, nós devemos estar dispostos a aprender qual a nossa linguagem do amor preferida e a linguagem do amor preferida de nossos côn-juges, se quisermos comunicar o nosso amor de forma efe-tiva. Para isso, existem cinco linguagens do amor, que são: palavras de afirmação, tempo de qualidade, receber presen-tes, atos de serviço e toque físico.

É muito comum no início dos relacionamentos utili-zarmos de todas as cinco linguagens ao mesmo tempo. No entanto, com o desgaste da relação, temos a tendência de nos comunicarmos somente na nossa linguagem preferida, como se o que o outro quisesse não tivesse tanta importân-cia. Para isso, eu te convido a fazer as seguintes perguntas ao seu companheiro:

1. Em qual momento do relacionamento ele se sen-tiu mais amado por você? (Com esta pergunta você vai conseguir identificar qual é a linguagem do amor pre-ferida por seu companheiro.)

2. Em quais momentos ele sentiu que demonstrou o seu amor por você? (Assim você identifica qual a linguagem do amor preferida por ele e qual ele percebe em você.)

Despedida de casada

Mas vamos entender melhor como funciona isso! Falarei aqui sobre cada linguagem para seu melhor entendimento:

1. Palavras de afirmação

O elogio é uma das melhores formas de reconhecer o valor de alguém. Com as palavras certas e imbuídas de amor, você consegue tocar o coração, transmitir suas necessidades, seus medos, desejos e confiança.

Palavras de afirmação são vitais para o bom equilíbrio do relacionamento, afinal, como diz Jacques Lacan: "A fonte de todo desejo é ser desejado".

As pessoas que utilizam essa linguagem verbalizam constantemente:

Amo muito você!

Você é maravilhoso!

Você é pai exemplar!

Tenho orgulho de você!

Eu te admiro muito!

Muito obrigada por fazer o jantar. Ele ficou delicioso!

Você me faz feliz!

Como você é inteligente!

Você é lindo!

Você é muito importante para mim!

Me sinto protegida por você!

Palavras assim são boas para quem diz e para quem escuta. Concorda? Você tem dito essas palavras ao seu amado? Elogios sempre são bem-vindos, eles aumentam a autoestima do cônjuge e demonstram que você sabe reconhecer o esforço que o outro tem pela família. Isso significa que verbalmente você demonstrou seus sentimentos.

2. Tempo de qualidade

O tempo é a moeda mais valiosa que existe no mundo e não tem preço que pague um tempo de qualidade. Ele é que faz o momento valer a pena e ao dedicá-lo ao nosso cônjuge, isso faz com que ele perceba nossas intenções e prioridades familiares e traz felicidade para ambos. Significa que nada e nem ninguém terá sua atenção naquele momento, porque esse tempo pertence somente a vocês dois!

Com que frequência você e seu companheiro tiram um tempinho apenas para os dois? Aquele momento para curtirem sozinhos e namorar? Esse tempo é precioso e está relacionado ao lazer e a não deixar a rotina fazer morada na vida de vocês. É importante reservar esse tempo ao relacionamento, afinal: "Quem não dá assistência, abre a concorrência e perde a preferência".

Um cineminha ou um teatro no final de semana.
Aquela viagem de férias alternada com toda família e
outra só vocês dois.

Despedida de casada

Um jantar especial só com os dois
no mínimo uma vez por mês.
Aquela noite em um hotel diferente.
Uma caminhada na praia ou no parque a dois.
Aquela viagem de final de semana ou em um feriado.
Assistirem a um filme na sala juntos com os filhos comendo pipoca e rindo de uma cena, ou de um comentário bobo. Ou apenas só vocês dois em um dia de vale *weekend* com os avós.

Esses são alguns exemplos simples de como o tempo de vocês pode ter mais qualidade, em meio a tantos outros momentos que podem passar juntos. Tudo isso pode parecer atraso de vida, mas não é. O tempo de qualidade é tão necessário para um relacionamento quanto respirar para o ser humano.

3. Receber presentes

Quem não gosta de receber presentes, por mais simples que sejam e por mais envergonhados que fiquemos? No casamento, isso começa quando celebramos o amor presenteando um ao outro com algo de muito valor, que são as alianças de ouro.

Dar e receber presentes são mais algumas das formas de se criar laços de afeto. Ganha quem dá e quem recebe, pois pelo simples ato de segurar o presente nas mãos, podemos pensar: "Essa pessoa me considera importante". Além disso, é um gesto que nos dá a certeza de que, mesmo estando ausentes, o outro se lembrará de nós!

Quando damos algo a alguém, antes, pensamos nele. No que ele gostaria de ganhar e não no que eu gostaria de ganhar. Perceber o outro, o que ele gosta, torna a compra do presente mais assertiva, pois o objeto palpável em si é apenas uma forma de materializar a nossa expressão de amor por aquela pessoa, de fazê-la brilhar os olhos e abrir um sorriso de gratidão e felicidade por tê-lo recebido. Esses são pequenos gestos que fazem muita diferença no amor.

Qual foi a última vez que você deu um presente ao seu cônjuge? Qual foi a última vez que você ganhou um presente dele? Era alguma data importante, uma ocasião especial? Às vezes, temos a falsa impressão de que presentes são apenas os dados em datas comemorativas, especiais, mas nem sempre são. Sabia que até um picolé ou uma água de coco que se ganha durante uma caminhada no parque é um presente? Aquela viagem inesperada no final de semana paga todinha pelo seu companheiro também é uma forma de presenteá-la. Entre tantas outras formas de demonstrar essa forma de amar.

Um convite para um almoço pago pelo cônjuge.
Um convite para um café no meio da tarde.
Presentear com aquele perfume de que se gosta tanto.
Presentear com aquele celular que ele

Despedida de casada

ou ela precisa trocar faz tempo.
Patrocinar um curso, treinamento
que seu cônjuge precisa fazer.
Presentear com um livro.

Essas são dicas que podem contribuir para melhorar seu relacionamento e aproximação com o seu cônjuge. São atitudes simples, mas que fazem o outro se sentir importante na sua vida. Não é preciso fazê-las apenas em datas comemorativas e também não precisa exagerar, dando presentes semanalmente. Não, não é nada disso! Para algumas pessoas, nada tem a ver com a frequência ou o preço, mas, sim, com o quanto de amor vem junto com eles. Dizem que os pequenos detalhes fazem toda a diferença! Eu concordo!

4. Atos de serviço

Essa é a linguagem que valoriza o gesto de servir. Alguns atos simples, mas que podem fazer muita diferença para alguém são, por exemplo: preparar o jantar, ajudar a limpar a casa, lavar as louças do almoço, cuidar do jardim, tirar a toalha molhada de cima da cama ou, simplesmente, ajudar o seu cônjuge naquele trabalho difícil que ele precisa fazer, e até mesmo pensar na solução de um problema juntos. O ato de servir dá destaque ao companheirismo e à parceria entre o casal.

Não pense que é tolice, mas toda mulher gosta de ser ajudada nos afazeres domésticos, isso também faz parte de uma demonstração de respeito e amor do parceiro. Se o seu marido puder te ajudar em algo, será uma grande contribuição e a soma de pontos é para os dois, afinal, a casa é dos dois, embora, por uma mentalidade às vezes machista, acredita-se que seja um trabalho apenas para a mulher. Alouou!!! Estamos no século XXI! Os tempos mudaram! Sendo assim, se o seu marido faz algum trabalho na casa, mesmo que isso pudesse ser feito por você, retribua com outro gesto carinhoso, agradeça, o elogie e certamente ele terá a satisfação de repetir essas atitudes. O importante é perceber que os atos muitas vezes falam mais do que palavras.

Além dos gestos acima, existem outras formas de contribuir muito com a aproximação do casal, como:

• Agendar a consulta para o seu cônjuge no médico.
• Fazer a pesquisa de preço de algo que ele tanto quer comprar.
• Ir com ele às compras para ajudá-lo a escolher roupas novas.
• Observar se o perfume predileto dele está acabando e comprar para ele.
• Preparar aquela comidinha que ele mais gosta.
• Buscar as crianças na escola.

Despedida de casada

Se esta é a linguagem de amor preferida pelo seu cônjuge, perceba qual tarefa mais o agrada, algo que você faça naturalmente, sem forçar. Experimente surpreendê-lo com essa forma de servir sem que necessariamente isso lhe seja pedido. Observe e verá a diferença!

5. Toque físico

Para algumas pessoas essa linguagem do amor é importantíssima. O toque físico é essencial para um relacionamento equilibrado. Aquela química, o gostar de estar cada vez mais perto, tocar, sentir o outro, ter carinho e demonstrar carinho representa uma das formas mais intensas da linguagem do amor. É natural, quando amamos, querer abraçar, beijar, fazer carinho nos cabelos, andar de mãos dadas e se jogar nos braços do outro. E isso torna o amor lindo.

Quando sentimos o amor explodir dentro de nós, o desejo de transmitir o que se sente se torna extremamente necessário e isso aproxima o casal. Se essa for a linguagem do amor preferida pelo seu cônjuge, cuide da sua aparência. Eu sei que, às vezes, as tarefas domésticas nos consomem, mas procure estar sempre cheirosa. Se sua aparência não está te favorecendo por uma noite de sono mal dormida, coloque um *bbcream* no rosto, um corretivo na olheiras, um batom e um colar de beijos para você.

Sentar no banquinho da praça,
como faziam no início do namoro.
Tomar sorvete juntos. Vinho, cerveja...
Rir um das "palhaçadas" do outro.
Fazer um cafuné, uma massagem relaxante.
Olhar nos olhos.
Tocar as mãos.
Tocar o rosto.

É importante ressaltar que nem todas as pessoas têm o toque físico como linguagem prioritária. E isso deve ser respeitado e cultivado, pois antes de ser seu companheiro, ele trouxe sua cultura, sua crença e seus valores familiares. Eu conheço um casal que a linguagem do amor preferida dele são os atos de serviço e a dela, o toque físico. Se ela olhar apenas pela linguagem preferida dela, pode equivocadamente subjugar que seu companheiro não a ame, e vice-versa.

Convido você a descobrir qual a sua linguagem do amor predominante, fazendo o teste das *5 Linguagens do Amor*, adaptado de Gary Chapman, a seguir. Antes de iniciar o teste, escolha um lugar silencioso e sem interrupções, onde você possa se concentrar. Um dos objetivos desse teste é o de alcançar o seu inconsciente. Por isso, é importante que seja o mais sincero possível e não pense muito ao respondê-lo. Dessa forma, terá respostas mais

Despedida de casada

consistentes e talvez nunca antes percebidas, que poderão ajudá-la a tomar decisões mais assertivas. Convide o seu parceiro a também realizar o teste e, ao final, dialoguem sobre o resultado. Vocês poderão se surpreender com o resultado. Lembra do alinhamento das expectativas que falei anteriormente? Pois é, hora de colocar em prática.

Reconhecendo a sua "linguagem do amor"

Nos grupos a seguir, avalie cada frase de 5 a 1 de acordo com o que poderia fazer você se sentir mais apreciada e amada pelo seu parceiro. O número 5 representa o que você mais apreciaria, ou seja, isso é o mais importante. O número 1 representa o que menos apreciaria em cada grupo, ou seja, isso é o que menos importa para você. (Nenhum grupo individual pode ter o mesmo número repetido duas vezes.)

Grupo 1

A) ___ Seu parceiro diz: — Você realmente faz um ótimo trabalho. Parabéns!

B) ___ Seu parceiro, inesperadamente, faz alguma coisa em casa que você aprecia.

C) ___ Seu parceiro traz para você um presente surpresa da loja.

D) ___ Seu parceiro te convida para uma caminhada, apenas para conversar.

E) ___ Seu parceiro, mesmo que num dia cheio de trabalho, faz um esforço e te encontra no aeroporto, por causa de uma viagem que você vai fazer, só para te dar um abraço.

Grupo 2

A)	Seu parceiro te diz o quanto ele te aprecia.
B)	Seu parceiro faz uma tarefa chata que você deveria fazer em casa e te encoraja a descansar.
C)	Seu parceiro traz para você uma guloseima especial da padaria.
D)	Seu parceiro te convida para sentar e conversar sobre o seu dia.
E)	Seu parceiro gosta de receber um abraço seu quando você está apenas passando por ele em casa ou quando saem juntos.

Grupo 3

A)	Durante uma festa, seu parceiro compartilha com as pessoas presentes sobre um recente sucesso seu.
B)	Seu parceiro leva o seu carro para o lava a jato.
C)	Seu parceiro surpreende você com um presente inesperado.
D)	Seu parceiro te chama para fazer uma viagem juntos no final de semana.
E)	Seu parceiro anda de braço dado com você quando estão passeando no shopping.

Despedida de casada

Grupo 4

A) Seu parceiro te elogia por causa de uma de suas qualidades especiais.

B) Seu parceiro prepara um lanche e leva para você na cama.

C) Seu parceiro, que tem um ganho financeiro maior do que o seu, paga a sua academia ou um curso que você quer tanto fazer.

D) Seu parceiro planeja uma saída legal para vocês dois.

E) Seu parceiro te dá uma carona, e te poupa de ter que dirigir, pegar um táxi ou ter que pegar aquele ônibus lotado, que só a graça!

Grupo 5

A) Seu parceiro te diz o quanto seus amigos te apreciam.

B) Seu parceiro preenche um relatório complicado para você e que você odeia fazer.

C) Seu parceiro manda entregar no seu trabalho um presente surpresa.

D) Seu parceiro convida você para almoçar, te leva para o seu restaurante favorito e paga a conta.

E) Seu parceiro faz uma massagem nos seus ombros depois de um dia cansativo no trabalho.

Transfira seus pontos para o quadro abaixo:

Grupo 1	A:	B:	C:	D:	E:
Grupo 2	A:	B:	C:	D:	E:
Grupo 3	A:	B:	C:	D:	E:
Grupo 4	A:	B:	C:	D:	E:
Grupo 5	A:	B:	C:	D:	E:
Total:					
Total geral A+B+C+D+E					

Some cada letra, a que tiver o maior resultado se refere à sua linguagem do amor:

A – Palavras de afirmação: (TOTAL de A / TOTAL Geral) x 100	=	%
B – Atos de serviço: (TOTAL DE B / TOTAL Geral) x 100	=	%
C – Presentes: (TOTAL de C / TOTAL Geral) x 100	=	%
D – Tempo de qualidade: (TOTAL de D / TOTAL Geral) x 100	=	%
E - Toque físico: (TOTAL de E / TOTAL Geral) x 100	=	%

Despedida de casada

Interpretando e usando seus pontos do perfil

Agora que você já somou todos os pontos, qual é a linguagem do amor que recebeu mais pontos? Esta é sua principal linguagem de amor. Se os totais de pontos para duas linguagens forem os mesmos, você é "bilíngue" e tem duas linguagens principais de amor.

Havendo uma segunda linguagem que recebeu mais pontos, essa é sua linguagem secundária de amor, isto significa que ambas as expressões de amor são importantes para você.

Embora você tenha uma ou mais de uma linguagem do amor predominante, não desconsidere as demais. É importante dar atenção a elas para saber lidar com o seu cônjuge e saber interpretar a linguagem do amor preferida por ele. Cada vez que você ou ele falam a linguagem um do outro, isso se torna positivo para o relacionamento e aumenta a conexão entre vocês. Realize o teste com ele e descubra qual é a melhor forma de se conectar com ele. Quer um exemplo? A linguagem do amor preferida por ele é toque físico e a sua, palavras de afirmação. Ele gosta de receber elogios e você de ser tocada. Ele não costuma te beijar o tempo todo, mas sempre está te elogiando. Essa é a maneira que ele tem de demonstrar o seu amor. Ok?

Sabendo todas essas cinco linguagens agora, cabe a você analisar todas essas práticas de demonstrar o amor e fazer a diferença no seu relacionamento, independentemente do tempo de casados ou quão velhos e ranzinzas sejam. Nunca é tarde, se o seu desejo é manter o seu casamento saudável. Se você nunca praticou nenhuma das linguagens anteriores e isso pode ajudar seu casamento nesse momento decisivo, então, comece por você, mudando suas atitudes e permitindo que o outro mude as dele também... "O amor verdadeiro nunca acaba, pois quanto mais amor se dá, mais amor se tem!"

E se, mesmo assim, isso não for suficiente para o seu casamento continuar, veja como a Psicologia Positiva pode ajudar você e o seu relacionamento. Afinal, você precisa ter certeza absoluta de que está tomando a decisão correta em sua vida e saber o que vai fazer depois.

Usando a Psicologia Positiva no relacionamento

Em minha busca pelo autoconhecimento me deparei com a Psicologia Positiva, uma ciência que estuda a felicidade, o florescimento, e que aborda as forças e virtudes do ser humano, visando uma melhor qualidade de vida e, consequentemente, o aumento da felicidade das pessoas "normais". Por meio da Psicologia Positiva é possível interpretar o ser humano diante da sua realidade. Como, por exemplo, de que forma eu interpreto os fatos circunstanciais diante da minha vida e do meio em que estou, qual é o sentido da minha existência e qual o meu propósito diante dela? Eu nasci para fazer o quê?

Despedida de casada

Entender como a Psicologia Positiva pode fazer a diferença em nossas vidas é fundamental, pois além de ela trabalhar a nossa felicidade de forma plena, é capaz de nos trazer clareza para tornar mais fáceis nossas escolhas na vida. Muitos casais, quando estão prestes a se separar, buscam recursos na terapia de casal e isso certamente os ajuda a enxergar aquilo que não estavam vendo há anos juntos. E é aí que a Psicologia Positiva pode contribuir significativamente, ampliando a nossa visão em busca da verdadeira felicidade, pois muitas vezes é importante ver o lado positivo das coisas e não apenas os problemas que cegam o casal.

Martin Seligman, psicólogo americano incomodado com o modelo de terapia fundamentada no passado, começou a estudar o lado positivo das pessoas. Após várias pesquisas, chegou à teoria do florescimento baseada no acrônimo denominado PERMA, que consiste em cinco eixos centrais, que combinados possibilitam o alcance da tão sonhada felicidade. Que são: emoções positivas, engajamento, relacionamentos, propósito e realizações.

Esses cinco eixos juntos formam uma base sólida sobre a qual podemos construir uma vida feliz e próspera, com o estabelecimento de relações de apoio e amizade, o cumprimento de metas, e sermos totalmente envolvidos com a vida. Quando o casal consegue combinar esses eixos individualmente e no relacionamento conjugal, além de um florescimento no relacionamento, também expande para as pessoas com as quais eles se relacionam e passam a nutrir essas experiências positivas nos filhos, por meio do exemplo, ajudando-os a "prosperar" na vida.

Entender cada eixo do PERMA e usá-los em um relacionamento pode fazer muita diferença no dia a dia.

Positive Emotion (Emoção Positiva);
Engagement (Compromisso/Engajamento);
Relationship (Relacionamentos);
Meaning (Significado ou Propósito);
Accomplishment (Realizações).

Positive Emotion (emoção positiva)

A emoção positiva está relacionada a uma vida com satisfação e que nos faça viver com alegria. E isso compõe os diversos elementos que nos levam à felicidade.

Segundo Barbara L. Fredrickson, professora da University of North Carolina, o "número mágico" da felicidade seria 75% de emoções positivas e 25% de emoções negativas.

Todo e qualquer relacionamento nos traz experiências boas e ruins em nossas vidas. No entanto, a tendência do ser humano é focar apenas nas experiências ruins, que são emoções negativas, no que não deu certo. E quando colocamos os holofotes apenas nos pontos negativos, estamos fazendo mal a nós mesmos. Se olharmos pelo que passamos com pessimismo, a tendência é nos tornarmos depres-

Despedida de casada

sivos com as lembranças e menosprezarmos cada vez mais o companheiro. Da mesma forma, se ao pensarmos no futuro, enxergarmos somente preocupações e perigos, desenvolveremos ansiedade e pessimismo frente às novas realizações. Porém, ao utilizarmos a Psicologia Positiva, passamos a reconhecer as emoções positivas que sentimos, valorizamos os momentos de alegria do casal, aproveitamos o presente sem a preocupação do arrependimento com relação a algum fato do passado e fazemos planos para o futuro.

O que você pensa, você sente, você cria. Se você repete todos os dias que seu parceiro é um imprestável, com certeza ele será um imprestável. Da mesma forma, se você repete todos os dias palavras que ressaltam os pontos fortes dele, como gratidão pela sua bondade ou pela sua disposição em ajudar, ou ainda um simples elogio como: você dirige muito bem e tem um ótimo senso de direção. Isso fará, com certeza, que tenha uma pessoa incrível convivendo com você.

Quando algo ruim acontece com você, qual sua reação imediata? Pensar no positivo e sair da situação? Ou ficar remoendo o acontecimento e criar outros problemas a partir disso?

Tem algo no seu casamento que você não suporta, mas mesmo assim faz sem reclamar? Ou reclama de tudo que te contraria?

Existem situações na vida de um casal que, às vezes, é preciso encarar de forma diferente, como: fazer uma visita a um parente que não se gosta tanto só por educação, ir a uma festa do trabalho por conveniência e para não ser taxado como antissocial. Eu sei que às vezes não é fácil fazer isso! Mas será que existem apenas situações que não gostamos no casamento? Coloque na balança quais emoções esse relacionamento gera e, conscientemente, tente trazer cada uma das situações para o positivo e reinvente uma nova forma de olhá-las.

Pessoas com emoções positivas têm resiliência para superar os problemas e acham a solução da forma mais otimista possível, afinal, o que importa não é o problema e sim a nossa atitude diante dele. Mude seu *mindset* para o positivo e suas emoções se tornarão mais positivas também. Se você pudesse medir suas emoções entre positivas e negativas, de 0 a 10, que nota você daria para cada uma delas? Proponho que você pare a leitura aqui. E passe 24 horas observando as reações positivas no seu relacionamento. Ao final, agradeça essas emoções positivas que você pode observar.

Engagement (compromisso/engajamento)

Alianças de ouro, o "sim", o "felizes para sempre", um compromisso para a vida toda, aquela fluidez natural que todo casal apaixonado e que está engajado tem. E, por que tudo muda de repente?

Mihaly Csikszentmihalyi, um dos fundadores da

Despedida de casada

Psicologia Positiva, é um grande pesquisador dessa área. Definiu o *flow* como um estado de atenção focada, caracterizada por uma mente clara em harmonia com o corpo e com uma concentração incrível, sem esforço, sem a percepção do tempo e com grande carga de prazer. Quando estamos vivenciando algo que gostamos muito não vemos o tempo passar, ou seja, estamos totalmente engajados.

Agora te pergunto. Vocês já vivenciaram um encontro romântico que não viram o tempo passar? E quais atividades vocês fazem juntos hoje que os deixam em estado de *flow*? O que vocês fazem juntos que não veem o tempo passar? Comece fazendo uma lista do que vocês gostam de fazer, do que traz felicidade ao fazerem juntos e as faça com maior frequência.

Relationship (relacionamento)

Todo ser humano tem a necessidade de se relacionar, de se envolver um com o outro, de amar e de se sentir amado, de estar perto de pessoas física e emocionalmente. Ao se estabelecer uma rede de relacionamentos, nossa saúde emocional e o nosso bem-estar melhoram significativamente.

Um relacionamento vai muito além de ter o outro ao lado, ele serve para manter o equilíbrio na vida. Ao estarmos sozinhos, criamos hábitos que nem sempre estão de acordo com a perspectiva do mundo. Além disso, compartilhar nossos problemas e pensamentos fica muito mais difícil. Porém, ao deixarmos outras pessoas se aproximarem de nós e criarmos laços de confiança e afeto, começamos a nos abrir para que os relacionamentos se tornem mais saudáveis e duradouros.

Uma relação positiva é construída com o tempo, e é importante essa construção gradativa. A manutenção diária dessas relações é de suma importância para que saibamos reconhecer a diferença entre o relacionamento saudável e o prejudicial. Há muitos relacionamentos perigosos, que são baseados em uma "via de mão única", em que somente um recebe, ou até mesmo relacionamentos que geram dependências emocionais e materiais. Observar o resultado dessas relações faz toda a diferença. Qual pote enche mais, o de sentimentos que fazem mal ou de sentimentos que fazem bem?

Como já citei, a chave para todo tipo de relacionamento é o equilíbrio, é escutar e compartilhar, fazendo esforços para continuarmos conectados, e sempre trabalhando em prol do fortalecimento das relações. Se um doa mais do que o outro, há o desequilíbrio, e inconscientemente o que doa menos se sente na condição de devedor. Agora imagine a cena. "Você é minha amiga, me adora e está devendo um valor em dinheiro para mim e não tem como pagar e faz tempo que não nos vemos. Certo dia, você segue por uma calçada e, ao me ver vindo em sua direção, percebe que eu ainda não a vi. Provavelmente você mudará de calçada evitando esse encontro constrangedor." É exatamente isso que acontece com o cônjuge que doa menos na relação. Procura inconscientemente formas de fugir.

Conheço mulheres, talvez intimamente, que diziam o seguinte: "Eu sou boa mãe, trabalho para ajudar nas despesas da casa, sou boa cozinheira, gosto de sexo, sou cheirosa, gosto de tomar uma cerveja com ele, blá, blá, blá. O que mais ele pode querer?" E a resposta é simples, ele quer ser HOMEM. Na condição de inferioridade, o homem não consegue sobreviver por muito tempo e, na maioria das vezes, procura outro relacionamento em que ele é o macho *alpha*, conforme reforça as bases científicas na constelação familiar e na psicologia.

Por isso, minha amiga, preste atenção no equilíbrio da relação. Deixe seu marido ser o homem da casa, não tente ocupar um papel que não é seu. Pratique a espera, a escuta ativa, a empatia. Não tem coisa pior para um homem do que uma mulher que quer ser ele na relação ou fica mandando nele o tempo todo. Quantas vezes seu marido fez algo no casamento que foi mérito dele e não seu? O que ele fez?

Aqui quero chamar atenção das mulheres para um ponto que a Psicologia Positiva comprova por meio de pesquisas: as pessoas que cultivam bons relacionamentos são mais felizes. Isso quer dizer que, assim como seu companheiro precisa do tempo do futebol com os amigos, vocês também precisam do tempo da Luluzinha com as amigas. Isso deve estar "negociado" no alinhamento das expectativas.

Meaning (significado ou propósito)

O que é a felicidade em si? Existe felicidade verdadeira? Cada pessoa dá um significado particular à felicidade, pois esse sentimento depende única e exclusivamente do bem-estar que causa às nossas emoções.

Segundo o psicólogo Rollo May, a felicidade vem de criar e fazer a vida ter sentido, em vez da busca puramente do prazer e da riqueza. A verdadeira felicidade acontece de dentro para fora e não necessariamente do meio externo ou das circunstâncias. Além disso, podemos atingir o nosso melhor quando nos dedicamos a algo maior do que fazemos cotidianamente. Isso pode estar relacionado a fazer obras sociais humanitárias, alguma atividade relacionada à fé e espiritualidade, ou algo no ambiente de trabalho ou familiar, por exemplo. Ao se fazer isso, criamos emoções positivas dentro de nós e reduzimos as chances de doenças, principalmente as psicológicas.

Ainda nos estudos de May, foi identificado que as pessoas religiosas ou com uma espiritualidade bem desenvolvida, em geral, têm vidas mais significativas, por existir propósito e porque acreditam em algo maior do que elas mesmas, compartilhando, assim, vitórias.

Qual é o seu propósito de vida? O que você faz que te deixa orgulhosa? Do que o seu cônjuge mais se orgulha em você? Do que você mais se orgulha nele? Tem algo que gostam de fazer juntos que gera esse senso de significado e propósito? Algo de que se possam orgulhar?

Despedida de casada

Quando a sua vida tem um propósito, você não delega a sua felicidade para o outro. Isso faz com que seu companheiro te admire e te respeite.

Accomplishment (realizações)

A psicóloga Angela Duckworth desenvolveu um trabalho que demonstra para pais, estudantes, educadores, atletas e empreendedores que o segredo para realizações é a "garra", a determinação, que é a mistura de paixão e perseverança. Aplicando esse trabalho ao casamento, a determinação está relacionada a apegar-se a alguém e perseverar por um longo período, mesmo quando o relacionamento em si fica muito difícil.

Isso quer dizer que aquela mudança que tanto queremos no nosso casamento precisa de perseverança e paixão. Por que ainda existem casamentos com mais de 50, 60 ou mais anos de duração? Porque houve, de alguma forma, a perseverança para que ele desse certo. Ressalto aqui a diferença entre teimosia e perseverança. Teimosia é você fazer a mesma coisa todo dia, ter o mesmo resultado ruim e continuar insistindo. Já a perseverança é tentar formas diferentes para ter resultados diferentes, com a esperança de que a situação melhore.

A realização vem dos objetivos explícitos da vida e, ao sermos casados, esses objetivos precisam fazer parte da vida dos dois. Isso é importante para o bem-estar e a felicidade da relação. Ao nos sentirmos realizados, nossa autoestima aumenta e isso proporciona uma sensação de plenitude que vai além da satisfação. A realização nos empodera e nos faz acreditar que somos capazes. Sentir-se realizado aumenta a autoestima, atrai boas energias, gera felicidade e contagia todos a nossa volta. É um ciclo.

Os pais que estabelecem metas e tentam alcançá-las, como exercício diário, por exemplo, tendem a ter filhos que desenvolvem atitudes semelhantes. Quais as metas que vocês estabeleceram no casamento? Seja meta de viagens, financeira, espiritual ou física. Pesquisas comprovam que os casais que possuem metas em conjunto, passam pelas dificuldades do relacionamento com maior habilidade e resistem aos momentos de crises.

Martin Seligman, em seu livro *Felicidade autêntica*, cita John Gottman, autor da obra *Sete princípios para o casamento dar certo*. A partir das pesquisas e observações que Gottman realizou, passou a prever quais casais podem se divorciar e quais podem continuar juntos. Ele observou a interação de centenas de casais durante 12 horas diárias por um fim de semana inteiro em seu "laboratório de amor" (um confortável apartamento com todas as facilidades de uma casa, além de espelhos transparentes no verso). E os indícios do divórcio encontrados foram os seguintes:

- Discussão áspera quando há discordância;
- Em vez de queixas, críticas aos parceiros;
- Demonstrações de menosprezo;

Despedida de casada

- Atitude defensiva imediata;
- Não valorização (particularmente sabotagem);
- Linguagem corporal negativa.

Pelo aspecto positivo, Gottman também prevê com precisão quais são os casamentos que vão melhorar ao longo do tempo. Ele percebe que esses casais dedicam cinco horas por semana ao casamento. Eis o que eles fazem. Recomendo que você faça o mesmo.

- Despedidas. Antes de se despedir toda manhã, o casal comenta o que cada um vai fazer durante o dia (2 minutos x 5 dias = 10 minutos).
- Regressos. Ao fim de cada dia de trabalho, esses casais têm uma conversa tranquila. (20 minutos x 5 dias = 1 hora e 40 minutos).
- Afeto. Tocar, agarrar, pegar e beijar – tudo com ternura e perdão (5 minutos x 7 dias = 35 minutos).
- Uma vez por semana. Somente os dois, em uma atmosfera relaxada, renovando o amor (2 horas, uma vez por semana).
- Admiração e apreciação. Todo dia, pelo menos uma vez, há uma demonstração de admiração e apreciação (5 minutos x 7 dias = 35 minutos).

Se você leu até aqui e constatou que não está acontecendo nada do que foi sugerido no seu relacionamento e que ainda se sente ligada ao seu ex, proponho que pare a leitura neste momento e reflita sobre tudo o que foi falado. Além disso, convido você a praticar um novo *mindset*, por meio dos exercícios a seguir.

Praticando um *mindset* positivo

1. Mantenha uma atitude mental positiva. Gostamos de estar ao lado de pessoas alegres. Escolha uma música que levanta o seu astral e comece o dia com ela. Uma canção que gosto muito é "*Simply the best*", da Tina Tuner. Evite músicas com intenção de deixá-la para baixo ou que depreciem os seus relacionamentos (as famosas músicas de corno). Lembre-se: o que você ouve, você pensa, você sente e você cria;

2. A essência de um relacionamento saudável é a amizade entre o casal. Fortaleça essa relação focando nos pontos positivos do seu amado e minimizando os negativos;

3. Acredite. Primeiro você precisa se amar, para que o outro também te ame. De vez em quando pergunte a si mesma: eu namoraria comigo? Pare de se vitimizar, julgar o outro, e se autorresponsabilize por você, pelos seus sentimentos, pela sua vida;

4. Tenha objetivos/metas a realizar. No casamento, a soma de 1+1 =3. Sim, 3. Você tem sua meta pessoal, seu companheiro tem a dele e ambos têm uma meta em comum;

Despedida de casada

5. Quais são seus talentos e os de seu companheiro? Estes talentos estão sendo valorizados por ambos?

6. Ame-se. Faça afirmações positivas para você diariamente no espelho. "Eu me amo, eu me amo de verdade". Se você se ama, é um grande passo para o outro também te amar;

7. Cuide do seu corpo. Faça exercícios físicos que te agradam, cuide da alimentação, durma bem e tome muita água; isso dará um tapa na sua autoestima e, com certeza, seu companheiro prestará atenção nisso.

8. Cuide da sua alma. Agradeça todas as noites três bênçãos recebidas durante o dia. Pratique meditação. Se tiver uma religião, aumente a sua participação (mas cuidado, não se torne "bitolada", isso afasta as pessoas que não professam da mesma fé que você). AGRADEÇA, aprenda a substituir a reclamação pela gratidão. Comece agradecendo pequenas bênçãos como um churrasco saboroso que seu amado fez, o cuidado dele com os filhos, com a casa, por ele ter levado seu carro na oficina etc.;

9. Pratique o bem. Pesquisas demonstram que pessoas envolvidas em causas sociais são mais felizes. Como vocês, enquanto casal, poderiam ajudar o próximo?;

10. Estabeleça relacionamentos saudáveis. Participe de grupos de corrida, bicicleta, aula de dança, viagens etc.;

11. Comemore pequenas vitórias do relacionamento.

Não esqueça e não permita que seu amado esqueça datas importantes como início de namoro, aniversário de casamento, dia dos namorados etc.

Só continue a leitura a partir do próximo capítulo se realmente tiver a certeza de que o vínculo que você tinha com seu companheiro foi quebrado ou que não existe a mínima possibilidade de reatar o casamento, por um motivo simples: não depende mais de você, ou seja, o outro não quer mais. E como diz aquela antiga frase: "Quando um não quer, dois não brigam". Siga adiante! Vida que segue.

2°

Hora de tirar a aliança!
Decisão – Separação

Despedida de casada

Joana e Felipe se casaram ainda muito jovens. A situação financeira dos dois era parecida, trabalhavam em uma loja de departamentos, a melhor da cidade, e ambos se destacavam por serem excelentes vendedores. Tiveram três filhos e se amavam muito. Mas a história começou a ruir quando Joana fez um concurso público e foi chamada para assumir a posição em uma cidade diferente da que eles moravam. Como o concurso garantia a estabilidade e o salário era ótimo, a família acompanhou Joana. Ela, sempre dedicada e aplicada, foi recebendo promoções e passando por várias cidades. Felipe, por sua vez, acomodou-se e não acompanhou Joana intelectual e financeiramente. Os anos se passaram e a distância intelectual começou a ficar maior e isso começou a incomodar o casamento. Ela, uma advogada de sucesso, por isso precisava estar sempre muito bem arrumada e, com isso, o ciúme de Felipe foi aumentando a ponto de concretizar a violência. Após 32 anos de casada, a situação estava insustentável. Não havia mais diálogo. Às vezes, os dois ficavam uma semana sem conversar debaixo do mesmo teto. Ele a massacrava, a agredia física e emocionalmente. A relação virou um inferno. Mesmo assim, ela tentou de tudo. Foi para a igreja e tentou com os amigos para que o convencessem a fazer encontros de casais, mas tudo foi em vão. Ele não estava aberto a mudanças. Ela marcou terapia, ele não foi. Mesmo assim, ela não conseguia se libertar desta relação. Mas, por que Joana permanecia neste relacionamento doentio?

Imagine que você está em uma festa e lá há muita gente. Sendo assim, apesar de o evento ter mais de mil pessoas, você só consegue enxergar quem está muito próximo. E mais, você não enxerga a saída, mesmo ela estando bem perto. É mais ou menos isso que acontecia com Joana, ela não conseguia enxergar a saída em meio a toda confusão. Os valores de família, responsabilidade e respeito não permitiam que ela se libertasse daquele relacionamento doentio e fosse feliz.

Em todo rompimento há dor, pois ninguém está preparado para perder a companhia do outro. Você se lembra daquele dente de leite que fica pendurado por um

Despedida de casada

fio, e quando o pai ou a mãe resolvia puxar sentíamos uma dor danada? Pois é, os relacionamentos também são assim. Algumas vezes sentimos a dor da traição, a dor da solidão, a dor da saudade e tantas outras dores. Mesmo sabendo que não tem mais volta, que não dá mais certo, a energia ainda existe. Algumas pessoas procuram ajuda de profissionais, como constelação familiar, psicólogos, *coaches*. Outras se recolhem por alguns meses. É importante entender que uma separação envolve luto e tem estágios característicos até que ocorra a libertação total e seja possível superar o rompimento. E Joana, assim como tantas mulheres, sofreu o seu luto, mas conseguiu seguir em frente.

Aceitar é uma escolha, mudar é uma decisão

Joana permaneceu em sua relação doente por trinta e dois anos, até que um dia, influenciada por outra advogada que havia terminado o relacionamento também de muito tempo, ela resolveu dar um basta. Alugou um apartamento, comprou alguns móveis e se mudou, deixando para trás uma história que começou linda, mas que não teve um final feliz. Joana sabia que a separação era inevitável, e que naquele momento era a única saída. Mesmo assim, Joana sofria.

Por que é tão difícil cortar o vínculo, mesmo em meio ao sofrimento? Porque é comum ficar preso nas boas memórias do passado, em um amor que existiu algum dia, as juras de amor, o acreditar que o outro vai mudar com o passar do tempo e, mais uma vez, o "felizes para sempre". Quando o amor acaba fica um vazio imenso e uma grande tristeza pelos sonhos não realizados e pelas promessas não cumpridas.

O grande vínculo foi quebrado, todos os problemas que passaram juntos um do outro, horas de grande prazer e também de muita dor. Quando tudo isso acaba, a pessoa sente que tiraram seu chão e sente falta até das brigas que tiveram. Mas é preciso deixar o passado no passado.

Eu moro em um prédio e aqui, como em vários outros, há duas portas de entrada interligadas por questão de segurança. A segunda porta só abre quando a primeira fecha. Fazendo uma alusão a este movimento, a nossa porta do futuro só abre quando conseguimos fechar, travar a nossa porta do passado e isso nem sempre é rápido.

Você pode estar pensando: por que esperar tanto tempo? No caso de Joana, meses depois da separação ela reencontrou o seu primeiro namorado, que havia ficado viúvo, e hoje estão casados e felizes. Talvez se ela tivesse se separado antes esse encontro não teria acontecido. Além disso, com certeza, esses momentos difíceis serviram para seu amadurecimento. Ela precisou passar pelos estágios do luto, da mudança, para entender e aceitar que seu casamento realmente tinha chegado ao fim.

Despedida de casada

O Modelo de Kübler-Ross, também conhecido como *Os 5 estágios do luto*, traz um estudo de Elisabeth Kübler-Ross sobre como as pessoas lidavam com as perdas dilaceradoras, desde a morte de um ente querido até um divórcio. Esse estudo também se aplica a mudanças significativas que precisamos fazer em nossas vidas a partir de uma perda.

1º estágio: Negação

Este é o primeiro estágio do que "parece, mas não é". Ou seja, quando uma relação acaba, seja ela provocada por você, seja pelo seu companheiro, vem a fase de negação e aparente coragem. Parece que está tudo bem e você até reage bem. É uma fase que não adianta falar ou aconselhar, pois é o choque inicial à nova situação. Algumas mulheres preferem se isolar e se recusam a falar sobre o assunto.

Nesse estágio é comum dizer: "Meu Deus, isso não pode estar acontecendo comigo". Consciente ou inconscientemente, há uma recusa em acreditar e aceitar a realidade, a situação, os fatos como um mecanismo de defesa que a impede de ver a verdade diante dos próprios olhos. É comum nesse estágio a autossabotagem e, nesse momento, muitas mulheres se recusam a acreditar que o casamento realmente acabou e imaginam que o marido voltará em algum momento para a sua vida ou que tudo vai ficar bem novamente.

2º estágio: Raiva

Passado o estágio da negação, surge a fúria repentina, aliada à necessidade de acusar o outro pelo término. Esse momento se manifesta de diversas maneiras. É a hora da revolta. Raiva de si própria, culpa, raiva de outras pessoas, da vida e até de Deus, do Universo ou no ser em que acredita. Nessa hora, a justiça fala mais alto e a pessoa não se acha merecedora de tamanha decepção. Nesse estágio é comum dizer: "Por que eu? Logo eu? Não é justo".

Alguns comportamentos agressivos surgem nessa fase também, é comum a pessoa ligar para a outra, querer entender e exigir explicação, devolver os presentes, falar mal do outro. Há quem seja até mais violento, pois usa indivíduos e situações para atacar o outro e feri-lo de alguma forma, como quebrar seu celular, riscar seu carro, invadir suas redes sociais etc.

Essa fase é perigosa e costuma ser bem nociva para o ex-casal. É uma forma inconsciente que certas pessoas usam para se sentir fortes, porém, por dentro estão em total desalento. Cuidado para não permanecer eternamente nesse estágio. Alguns casais que ficam nessa fase espalham rancor a sua volta, principalmente aos filhos. Escrevi um capítulo sobre este assunto por considerar a sua importância.

Despedida de casada

3º estágio: Barganha

Esta fase também é conhecida como estágio da negociação. Parece que a mente tenta fazer acordos para ter de volta o outro e é comum a busca de ajuda por padres, pastores, pais de santo, cartomantes etc. Também é normal nesse estágio dizer frases como: "Nossos filhos ainda são pequenos. Fique até eles crescerem mais um pouco! Vou melhorar, eu prometo". É frequente a promessa em mudar de comportamento e querer implorar que o marido não saia de casa, que não termine tudo, pois a dor é insuportável.

Nessa fase começa a implorar e a barganhar com Deus, o Universo ou no que acredita para que tudo volte ao normal, para que a dor não seja tão grande.

4º estágio: Depressão

Nesta fase o choro convulsivo, apatia por tudo e vontade de sumir é muito comum. A identidade da pessoa vai se diluindo. A angústia torna-se uma companhia diária. Tudo lembra o ex. Lugares, som, cor, cheiro.

Nesse estágio é comum frases como: "Estou arrasada. Nada mais faz sentido para mim". Nesse momento há um "choque emocional" por não aceitar o rompimento como um rito de passagem. É a hora em que a "ficha cai" e que não é uma ilusão ou algo negociável. Cada um reage de sua forma e algumas pessoas sentem angústia, tristeza, vazio, opressão e até medo. Em caso de rompimento de um casamento, muitas pessoas se fecham e dificilmente se abrem para um novo relacionamento tão cedo, desconfiam de tudo e de todos e acham que nunca mais serão felizes.

O estudo da antropóloga Helen Fisher mostrou que quanto mais tempo passado longe do(a) ex, menor é a atividade nas regiões cerebrais ligadas à dor, ao estresse e à dependência. Em outras palavras: a ciência comprova que o tempo cura feridas e que é hora de começar a aceitar a mudança para que pessoas e momentos novos comecem a chegar. Portanto, contato zero.

5º estágio: Aceitação

Este é o estágio em que a dor está mais amenizada, pois aos poucos vai aceitando que as coisas vão terminar bem e que a vida continua. Nessa fase é comum frases como: "Vou ficar bem"; "Tudo vai acabar bem".

Nesse momento, a pessoa começa a reagir, levantar a cabeça e trazer mudanças significativas positivas para a própria vida. É o momento do aprendizado, pois sabe que na vida nada é seguro. Hora de buscar fontes alternativas de prazer, como a realização profissional, uma viagem incrível e, principalmente, a companhia de familiares e amigos.

Despedida de casada

Por fim, após reciclar seus sentimentos, o sol começa a nascer novamente. Aquela sensação de conforto começa a despontar no horizonte. Os olhos começam a reparar em novas paisagens e lentamente a vitalidade ressurge. A pessoa começa a posicionar o ex no lugar que ele merece. Sem acusação ou culpa, apenas constatação do término que não foi culpa de ninguém, mas apenas um espaço que se extinguiu. Nesse momento, outra pessoa já se torna bem-vinda, assim como Joana fez depois de um tempo ao abrir-se novamente para outro amor.

Compreender esses estágios é importante para nos levar à consciência de onde estamos e aonde queremos chegar, ao perdermos algo ou alguém. Isso pode nos dar força para seguir adiante. Não importa em qual estágio você se encontra. O que importa é se quer continuar nele. A decisão é sua. Só você pode mudar de fase, dar um novo sentido a tudo que pode ter acontecido ou está acontecendo consigo.

Essa mudança só acontece quando você muda o seu modelo mental. Dizer exatamente ao cérebro o que quer, e não o que não quer. Isso mesmo! Diga ao cérebro exatamente o que você quer, pois o cérebro não distingue a palavra "não". Veja um exemplo simples: "Não pense em uma Ferrari vermelha". Pensou? Então, mude a frase para afirmações positivas e, em vez de dizer "Não quero um homem infiel", diga "Eu mereço um homem fiel, que me respeite e me trate como uma mulher valiosa que Sou".

> Despedir-se de um amor é despedir-se de si mesmo. É o arremate de uma história que terminou, externamente, sem nossa concordância, mas que precisa também sair de dentro da gente.
>
> Martha Medeiros

Saindo do luto...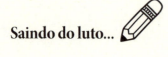

1. Em qual estágio do luto/mudança você acredita que se encontra nesse momento?
___
___
___
___
___
___
___
___

Despedida de casada

2. O que você ainda não fez, que se fizesse, poderia te levar a evoluir no estágio em que se encontra?

_____

_____

_____

_____

_____

_____

_____

_____

_____

_____

Agora, reserve um tempo no seu dia, podendo ser ao acordar ou antes de dormir.

3.   Posicione-se em frente a um espelho, olhe dentro dos seus olhos e diga as afirmações a seguir:

- Eu mereço ser feliz!
- Eu sou fonte de plenitude amorosa!
- Eu sou tratada com respeito e admiração!
- Eu sou amada!
- Eu tenho saúde!
- Eu mereço ser amada!

- Eu mereço ter uma vida abundante!

- Eu me perdoo pelos erros que cometi, foi o que eu consegui para aquele momento.

- Eu perdoo meu (diga o nome do seu ex-companheiro), por quem senti raiva e aceito essa separação, honro tudo o que construímos juntos e acredito que é o melhor para nós dois, pois sei que ele não foi quem eu queria que ele fosse e também não fui a mulher que ele idealizou. Eu o libero da minha vida e me liberto do sentimento de rancor, raiva ou qualquer sentimento que ainda me prenda a ele.

- Cancelo completamente o passado no presente, para libertar meu futuro.

- Eu me amo, eu me perdoo, estou em paz, estou pronta para seguir em frente.

- Eu sou muito mais forte do que imagino e serei muito mais feliz do que penso!

3º

Autoconhecimento

Primeiro você,
depois o outro!

Despedida de casada

Durante o casamento, muitas mulheres deixam o seu "eu" de lado, para viver o "outro", e no máximo, o "nós". Vão se adaptando aqui, dando um jeitinho ali para tornar o relacionamento o mais feliz possível. E comigo não foi diferente.

Eu me casei aos dezessete anos de idade, como citei na introdução deste livro. Meu marido (agora ex) era completamente diferente de mim. Eu sou do dia, gosto de sol, de luz, de ter amigos, sou mais extrovertida, ele era introspectivo, mais reservado, mais fechado e, ao longo dos vinte e nove anos, eu fui me adaptando a ele, com a ilusão de que um dia ele pudesse mudar e com aquela crença: "Os opostos realmente se atraem". Será? Talvez o amor cegue, vamos nos acomodando com o passar dos anos, tudo pelos filhos e pela família, o "tá ruim, mas tá bom", do "melhor acompanhado do que só" e de tantas outras histórias que vamos nos contando no decorrer de um longo casamento.

Para se ter uma ideia, eu era flamenguista e ele, corintiano inveterado e, com o passar do tempo, eu deixei de ser flamenguista e virei corintiana também. Eu precisava e gostava de usar óculos escuros e ele dizia que mulher dele não usava óculos escuros, então eu não usava. Eu era totalmente passiva e aceitava situações que em outros momentos, antes do casamento ou agora, eu jamais aceitaria.

Descobri vinte e nove anos depois que, quando sabemos quem somos, o poder está em nossas mãos, temos autonomia sobre nossos comportamentos e não deixamos nada e ninguém nos levar para onde não queremos ir. E eu só passei a me conhecer e a voltar a ser quem eu era somente após o término do relacionamento. Se eu tivesse começado a me conhecer antes do casamento, talvez muitas situações que passei teriam sido diferentes e, provavelmente, o final dele não teria acontecido como aconteceu.

Assim como eu fui um dia, há muitas mulheres que deixam tudo para cuidar dos filhos, para ser a dona de casa, a mulher, a amante, a mãe, a amiga, a psicóloga, a sócia para divisão das despesas, a parceira ideal, a mulher perfeita. Mas perfeita para quem e para quê?

Despedida de casada

Em que momento essa mulher é "ela" mesma? Quando cuida de si? Uma mulher que conhece seu verdadeiro valor é uma mulher com poder nas atitudes, é uma mulher poderosa. E mulheres poderosas sabem que, mesmo que precisem desempenhar esses múltiplos papéis, jamais se deixariam de lado, pois elas se amam. Mulheres poderosas jamais se deixam abater com um comentário pejorativo do marido ou uma proibição incabível, como, por exemplo, "Você não precisa se maquiar, já é bonita assim"; "Ah! Com essa roupa você não sai", ou, "Estudar para quê? Deixa isso de lado!", "Não precisa colocar silicone, assim está ótimo!" ou, até então, "É sua obrigação cuidar da casa, você é mulher".

O fato é que quando uma mulher deixa de fazer tudo que gosta porque o seu parceiro não aprova, começam os problemas. Sabe por quê? Ele vai olhar a maquiagem da outra, a roupa bonita que a outra usa, o silicone perfeito que outras mulheres têm e, ainda, vai ser atraído por uma mulher inteligente que sabe muito bem quem ela é.

Não quero aqui ser feminista ou incentivar que as mulheres não devessem fazer isso dentro de um casamento ou deixassem de dar ouvido aos seus maridos. Não, não é isso! Mas, sim, que nossos papéis enquanto mulheres são importantes, mas não precisamos deixar de ser quem somos para manter um casamento, como se isso fosse a tábua da salvação de um relacionamento ou a felicidade do casal.

Vamos combinar uma coisa? Pare de terceirizar sua felicidade. Não permita que o outro determine o que você vai sentir, vai fazer, vai ser. Aí você pode perguntar: mas como faço isso? Se conhecendo. Primeiro você, depois o outro.

Quando o avião está para decolar, a comissária traz algumas orientações sobre como se comportar em momentos de risco. "Em caso de despressurização, máscaras de oxigênio cairão automaticamente sobre sua cabeça. Se você estiver acompanhado, primeiro ponha a máscara em você, depois auxilie quem está do seu lado."

A mulher, com seu instinto maternal, acaba sempre colocando o outro em primeiro lugar. Ou seja, coloca a máscara primeiro no outro e não tem tempo hábil para colocar a máscara nela própria. E o que acontece? O preço dessa atitude pode ser muito alto, pode levar até à morte. E é o que acontece em muitos casamentos, simplesmente morrem.

Conhecer-se, saber os seus limites é algo contínuo, não acontece de uma hora para outra, mas precisa começar de alguma forma. Podemos passar o dia todo em meio a uma multidão de pessoas, mas, ainda assim, passamos a maior parte do tempo em nossa própria companhia. Se eu não me conhecer, não me amar, não me respeitar, essa convivência se tornará insustentável, e é aí onde muitas pessoas se perdem.

Despedida de casada

Quem respira por você? Quem pensa por você? Você própria, certo? Quando você se olha no espelho, vê quem primeiro? Para quem você estava olhando quando se perdeu de si mesma?

Dar a volta por cima em qualquer situação começa com um simples passo: autoconhecimento. Você precisa ser curiosa sobre quem é você, sabia? Se perguntar: Quem sou eu? Por que isso me incomoda tanto? Quais são meus valores? O que é importante para mim? O que eu, me conhecendo como me conheço, farei com essa situação? O que estou disposta a fazer para ser feliz? O que eu realmente quero para a minha vida? Como me posiciono nessa hora sem me anular?

Quando você faz isso, deixa de ser a vítima da história e passa a ser a protagonista, a autora, a líder de si própria e você dificilmente aceitará coisas e pessoas de qualquer jeito. Não aceitará, por exemplo, um casamento de fachada, um relacionamento falido e infeliz só para dar satisfação à sociedade, porque simplesmente você não precisa disso para ser feliz. E tudo isso está diretamente relacionado ao que você acredita e ao valor que dá a si mesma.

Conheça seu próprio valor e o outro te valorizará!

Cada pessoa possui seus próprios valores. Eles estão diretamente relacionados ao ambiente e à cultura em que nascemos, crescemos e que fazem parte da nossa vida. Nossos valores são tudo aquilo que acreditamos ser importante para nós. Estados emocionais que governam nossas decisões. Eles nos direcionam para as nossas atitudes, e estas influenciam os nossos comportamentos, como, por exemplo: você tem o valor de contribuição muito forte. Um coração generoso e gosta de ajudar o outro, pois isso te faz feliz. Aí, você começa a se relacionar com uma pessoa extremamente egoísta, que além de não gostar de contribuir, te critica todas as vezes que vê você contribuindo com alguém. E em nome da paz no relacionamento (a paz também é um valor para você), começa a diminuir as contribuições e, sem perceber, passa a mutilar seus valores e, em consequência, diminuir sua felicidade.

O que acontece quando nos conhecemos? Rasgamos um véu da nossa invisibilidade e passamos a ver as nossos valores e crenças diante dos nossos olhos.

O término de um casamento não precisa ser esse véu rasgado para que possamos nos conhecer mais. E eu aprendi isso, quando o meu acabou, pois ao me deparar diante do espelho, traída e sem saber quem eu era, tudo ficou muito confuso para mim até que eu pudesse levantar a cabeça e recomeçar.

Minha autoestima estava muito baixa e comecei a buscar ferramentas que pudessem ajudar a me conhecer melhor. Passei a assistir a vídeos comportamentais, fiz *coaching*, comecei a ir para eventos a fim de me redescobrir, comecei a sair com minhas amigas, voltei a praticar esportes,

Despedida de casada

passei a viajar pelo mundo, comprei roupas novas, mudei completamente e, felizmente, retomei as rédeas da minha vida de cabeça erguida e dentro daquilo que eu acreditava ser bom pra mim e que sempre gostei, mas que um dia havia ficado perdido no tempo, por causa de outra pessoa.

Mas todas essas mudanças partiram de uma única decisão: eu quero ser feliz independentemente do que me aconteceu. Eu honro tudo o que veio antes, mas sigo meu caminho.

Muitas vezes ficamos presos ao que o outro nos fez e por esse motivo fica difícil prosseguir. Algumas mulheres agarradas na raiva, na decepção, na frustração, no rancor e até mesmo no recalque passam a vida perseguindo o ex-marido, a amante dele (que agora é a atual) e se submetem aos piores comportamentos, achando que isso os trará de volta, a felicidade reinará e que tudo voltará ao normal. Outras passam anos da vida se culpando, se martirizando por tudo o que aconteceu, como se o fato de o marido ter saído de casa, com amante ou sem amante, não tivesse sido de sua livre e espontânea vontade.

Uma amiga me contou a história de uma mulher que, ao ver o marido sair de casa e ele não ter querido mais voltar, se sentiu tão culpada, que ateou fogo ao próprio corpo e se matou. O que leva essas mulheres a chegarem a esse extremo? O que as faz pensar que tudo acabou, sendo que o que terminou foi apenas o relacionamento?

Isso acontece, na maioria das vezes, porque a nossa imagem, a nossa vida dentro de um casamento, quando não nos enxergamos, passa a ser projetada apenas no outro e não em nós.

Como tudo que eu disse anteriormente, viver a vida do outro é sufocante e, quando percebemos, cadê a nossa vida? Onde podemos nos encontrar de novo? Mas é possível nos encontrarmos, sim, só que isso é uma escolha que só nós podemos fazer por nós mesmas e mais ninguém. É preciso voltar a ver a nossa própria imagem.

Minha autoimagem mudou completamente depois da minha separação. Resgatei quem fui um dia e tinha me esquecido como era bom "ser eu". Descobri que a visão que eu tenho sobre mim mesma influenciará o meio e as pessoas a minha volta.

Como bem disse Sophia Loren em uma de suas frases, "*Sex appeal* é 50% o que você tem e 50% o que as pessoas acham que você tem".

Por isso, observe-se, reflita sobre o que acredita e quais são seus valores, e com caneta na mão responda as perguntas a seguir:

1. Como você se vê?

_____

_____

_____

Despedida de casada

2. O que as pessoas pensam de você quando te conhecem pela primeira vez?

3. Como você gostaria de ser vista?

_____

_____

_____

_____

_____

_____

4. Quais as ações que você pode começar hoje que vai impactar positivamente no seu eu ideal?

_____

_____

_____

_____

_____

_____

_____

_____

_____

_____

Convido você, ainda, a praticar diariamente os exercícios a seguir e ter a certeza de que se sentirá mais plena e mais dona de si. Isso é importante para que todas as suas decisões sejam feitas de forma consciente e com a cabeça erguida, certa de que é a única pessoa responsável por sua felicidade e pelas escolhas que faz.

Despedida de casada

Um novo olhar para si mesma

1. Olhe-se no espelho. Observe-se! Não passe um dia sem se ver. Perceba os detalhes do seu rosto. Olhe no fundo dos seus olhos. Quem você vê?

2. Faça declarações de amor para si mesma. Elogie-se! Use os seus pontos fortes a seu favor. Pratique o amor-próprio! Jesus resumiu os mandamentos em um só: "Amai a Deus sobre todas as coisas, e o próximo como a ti mesmo". Como você está se amando?

3. Se tiver algo a perdoar em si mesma, então se perdoe! Lembre-se de que você é a pessoa mais importante desse mundo e que você não existe sem você. O autoperdão irá levá-la a ter uma vida mais leve e feliz!

4. Concentre-se no positivo! Substitua as palavras negativas por positivas. Tente fazer isso diariamente e, quando perceber, isso se tornará automático.

5. Tenha um coração grato! A gratidão liberta e te faz prosperar em todas as áreas da sua vida.

6. Encoraje-se! Vá em frente! Permita-se! Valorize-se! Você é muito melhor do que imagina!

Não mutile os seus valores, sua essência e quem você é em prol de um relacionamento ou de qualquer coisa em sua vida. A forma como você defende suas ideias, o que acredita e seus pontos de vista revelam sua autoconfiança e a imagem que tem de si mesma. Assim como você se imagina e se trata, permita às outras pessoas te tratarem, pois "assim como você pensa em sua alma, assim você é!". (Pv. 23:7)

4°

Mãe e Pai

Dos filhos não se separam!

Despedida de casada

Este é um capítulo especial, pois se trata de uma situação muito delicada em um divórcio, que é o de como ficarão os filhos com a separação dos pais. Os filhos de hoje serão os pais de amanhã. Por isso, precisamos agir com amor e responsabilidade. Reconhecer a história de amor que um dia tivemos com o nosso parceiro e que o vínculo de uma criança com os pais é totalmente diferente do vinculo "marido e mulher". É importante saber dividir os papéis, ou seja, em vez "marido e mulher", agora seremos apenas "Pai e Mãe". É preciso preservar as emoções dos filhos para evitar problemas futuros na vida deles. Quando isso não ocorre, são várias as consequências psicológicas. Você já ouviu falar da SAP – Síndrome da Alienação Parental?

Se nunca ouviu, quero te dizer que a Síndrome de Alienação Parental é algo seríssimo e está diretamente ligada aos casos em que os pais não sabem lidar com o divórcio, não aceitam a ruptura da vida conjugal, e de forma vingativa projetam toda a frustração em relação a isso nos próprios filhos. Um dos cônjuges "obriga" o filho a escolher entre o pai ou a mãe.

Segundo Richard Gardner, 1985, a Síndrome de Alienação Parental (SAP), também conhecida pela sigla em inglês PAS, acontece na "situação em que a mãe ou o pai de uma criança a treina para romper os laços afetivos com o outro genitor, criando fortes sentimentos de ansiedade e temor em relação ao outro genitor".

Pesquisas indicam que cerca de 80% de filhos de pais separados sofrem com alienação parental.

Durante as entrevistas, conheci a história da Eliana. Esta história retrata com todas as letras a verdadeira alienação parental. Além disso, o exemplo desta mulher guerreira serve de inspiração a outras mulheres que possam estar nesse momento sofrendo algo semelhante.

"A Eliana, ainda jovem, foi conquistada pelo seu ex-marido, e durante o período em que foram casados ela o amou profundamente. Ele, um pouco mais velho que ela, médico, oriundo de uma família tradicional

Despedida de casada

e ela, advogada recém-formada, oriunda de uma família simples. Quando se conheceram moravam em cidades diferentes e isso nunca foi empecilho para demonstrações de amor de ambos. Os setecentos quilômetros que os separavam eram apenas um detalhe. Casaram-se e ela o acompanhou. Mudou-se para a outra cidade, deixando para trás sua família e amigos. Viviam em constante lua de mel. Viagens, presentes, encontros com amigos. Após quatro anos de casados, nasceu a primeira filha e depois de sete anos, a segunda. Mesmo com as crianças, eles tinham as férias alternadas com elas e somente os dois, para não perder o encanto do namoro. Em algum momento do casamento, entre plantões e trabalho excessivo no hospital, o marido de Eliana se encantou por outra médica e a traiu. A princípio, ela o perdoou, mas ao final ele optou por um novo relacionamento. Eles se separaram e a guarda das filhas foi compartilhada. A filha mais velha foi a primeira a querer ir morar com o pai, e depois de algum tempo a filha mais nova também foi, na época, apenas com oito anos de idade. E de repente, as crianças começaram a recusar a visita da mãe... Desde então, foram dias e dias de convivência impedida entre mãe e filhas. Aniversários, dia das mães, dia das crianças, Natal são uma verdadeira tortura para Eliana. E como ela está enfrentando tudo isso? Por indicação da terapeuta, ela entrou para um grupo de corridas e essa equipe a acolheu com muito carinho e amizade. Ela não desistiu das filhas. Pelo contrário. Recentemente ela vendeu a casa onde morava e comprou um apartamento. Uma das condições para a compra do apartamento era que tivesse três quartos e ali, naquele novo lar, o quarto da Isabela e o da Giovana estão reservados e decorados, pois uma mãe nunca abandona os filhos, e ela sonha todos os dias com este reencontro, e mesmo diante de tamanha rejeição ela sonha com o dia em que esse relacionamento entre mãe e filhas seja restabelecido.

Conheci outra história de uma mulher que estava muito decepcionada com o término do casamento. Ela achava que tinha se empenhado demais, se anulado por anos, deixou de trabalhar, de estudar, vivia só pela família, mas infelizmente o casamento havia chegado ao fim. Como ela dependia financeiramente do ex-companheiro e ficou com a guarda do filho, ao se divorciarem ela teve direito a uma pensão alimentícia para o filho. Ela começou a trabalhar e tudo parecia que seria superado. Porém, ao saber que o ex-companheiro já estava em outro relacionamento, começou a diminuir o contato dos filhos com o pai a ponto de chegar ao contato "nível zero" com ele e com a família dele. Conseguiu emprego em outra cidade e impediu que o filho sequer tocasse no nome do pai.

Em ambos os casos, um dos cônjuges não conseguiu separar os sentimentos da situação, talvez tenham ficado presos ao luto, no estágio de raiva e transmitiram essa raiva com relação ao outro cônjuge

Despedida de casada

para os filhos, fazendo com que eles também tivessem esses sentimentos ruins pela mãe e pelo pai.

Infelizmente esses não são casos isolados. A alienação parental causa interferência na formação psicológica da criança/adolescente induzida ou promovida por um dos pais, avós ou por quem for responsável pela guarda da criança/adolescente, prejudicando assim a convivência e fazendo com que repudie o vínculo com eles.

"Seu pai não vale nada!"; "Sua mãe não presta!"; "Seu pai não liga para você. Nem quer saber que você existe"; "Sua mãe é uma à toa"; "A culpa de estarmos passando por tudo isso é do seu pai". Essas são frases bem típicas de pais e mães aos filhos, o que desencadeia todo um processo negativo na vida da criança e traz consequências tanto para o filho quanto para o alienador.

No comportamento dos filhos, essa falta de superação faz com que eles descontem essa mágoa não só nos pais, mas em tudo ao seu redor, por carregarem consigo essa infelicidade. Caso se sintam abandonados, por exemplo, trazem o sentimento de rejeição nunca superado. E esse reflexo pode trazer limitações ao seu desenvolvimento psicológico e social e chegam à fase adulta com sérios transtornos, dificuldades de relacionamento, afetando sua vida profissional e amorosa. Uma pessoa que vivenciou a separação conflituosa dos pais e, ainda, a alienação parental, não consegue seguir em frente, começa a ter problemas para resolver seus próprios conflitos internos, desenvolve um certo tipo de insegurança em relação a tudo por nunca sentir-se totalmente amparada. Em caso de relacionamento afetivo com alguém, todos esses traumas adquiridos ao longo do tempo irão afetar essa relação. Às vezes, mulheres que são frustradas pela não criação, não convívio com o pai acabam depositando tais expectativas em seu parceiro que caberia a um pai suprir, o mesmo caso é o homem, porém, depositando essas expectativas ou frustrações na figura feminina.

Posso dizer a vocês que o divórcio dos pais atinge os filhos, independentemente da idade. Claro que, na infância, quando a criança ainda está formando sua personalidade, o impacto de uma separação conflituosa pode ser maior e trazer consequências à vida adulta dos filhos. No entanto, os filhos adultos também sofrem com uma separação dos pais. Pois, nesse momento, os pais involuntariamente cobram um posicionamento dos filhos, muitas vezes até forçando estes a escolherem um em detrimento do outro. Ou, inconscientemente, esperar que o filho assuma a sua dor. E, quando o filho tiver que escolher entre assumir a dor da mãe ou do pai, ele vai perder um deles e isso traz danos a sua vida, podendo inclusive fracassar como profissional ou até mesmo posteriormente como pai ou mãe. Pois vejamos, o filho é 50% pai e 50% mãe, se ele nega o pai ou a mãe, ele está negando 50% dele mesmo. Quando eu me separei, meus filhos já estavam adultos e isso não impediu que alguns

Despedida de casada

erros fossem cometidos, mas que fossem reparados, tão logo eu tomei conhecimento sobre a constelação familiar e as leis do amor que regem o sistema.

Minha filha, com 18 anos na época da separação, acabou sendo envolvida em toda a confusão daquele momento. Ela descobriu a traição do meu ex-marido junto comigo por meio do telefone celular dele. E minha reação àquela traição foi inesperada. Arrumei a mala dele em cinco minutos, enquanto ele tomava banho e a joguei porta afora. Meu irmão, hoje brinca com a situação e diz que deu malária lá em casa, ou seja, "mala na área". E nesse momento, ela assumiu a minha dor, e meu ex-marido se sentiu injustiçado. A relação dos dois ficou balançada durante um bom período. Isso a fazia sofrer muito, pois, durante o casamento, ele sempre foi um pai muito presente. Após o meu entendimento sobre este assunto, mudei a minha forma de me referir ao pai dela, ela constelou esse assunto na terapia e hoje a relação dos dois está muito melhor. E tenho certeza de que voltará a ser 100%.

A base familiar é primordial na construção do alicerce psicológico de uma criança apoiada pelas leis do amor, que são: Equilíbrio, Pertencimento e Ordem. Quando uma dessas leis é desrespeitada, essa base fica vulnerável e afeta a criança/adolescente em todos os âmbitos. Quando o casamento chega ao fim, o relacionamento não dá mais certo e tudo que resta são brigas, já se tentou de tudo, como eu falei nos capítulos anteriores, e nada disso resolveu, o melhor é a separação de forma civilizada. Não é nem um pouco saudável continuar numa relação doentia só por causa dos filhos. Afinal, casamentos falidos causam infelicidade para todos os membros que convivem na mesma casa. E quando se trata de separação entre os pais de forma "não amigável", isso acarreta numa série de transtornos em longo prazo, principalmente para os filhos.

É claro que, quando o casal resolve se separar, essa situação é triste para toda a família e isso pode causar profundos sentimentos de frustração e tristeza a todos os envolvidos. No entanto, ao se separarem, deixarão de ser "marido e mulher" e serão apenas "pai e mãe" e isso precisa ser encarado com inteligência emocional, mesmo que seja difícil em um primeiro momento. É importante entender que os filhos são para toda a vida e não podem ser divididos. O "pai" deve continuar sendo o pai e a "mãe" continuar sendo a mãe e terem o cuidado para que essa decisão não reflita de forma negativa na vida dos filhos, evitando, assim, lançar sobre eles toda a carga que um divórcio por si só já traz.

O que quero que entenda aqui é que é possível terminar bem uma relação e não tornar isso um "inferno" na vida de todos a sua volta e nem usar os filhos como arma de vingança contra o pai ou a mãe. Se o casamento não deu certo, é importante que o rompimento dê e que

Despedida de casada

não seja traumático. Os filhos de pais separados devem ser mais felizes do que filhos de pais que moram juntos e brigam com frequência. Casais que conseguem manter uma relação saudável, dificilmente terão problemas em relação à alienação parental. Eu tenho uma amiga que terminou superbem o seu divórcio. A guarda da filha ficou compartilhada e não existe nenhum problema em relação a isso. Priorizaram o bem-estar da filha, ele alugou um apartamento próximo ao dela para facilitar a ambos, pois entenderam que a separação foi apenas marido e mulher. Essa é uma situação que exige maturidade, perdão, aceitação de que foi o melhor para todos.

Hoje quase não tenho contato com meu ex-marido, pois, como já citei, nossos filhos já são adultos. Cada um foi para o seu lado e estamos felizes como estamos. Recentemente saímos de mãos dadas da igreja, no casamento do nosso filho. E sempre que for necessário e para o bem dos nossos filhos, agiremos com civilidade, afinal, somos adultos e resolvemos seguir caminhos diferentes. E isso é que importa!

A seguir, deixo aqui algumas dicas importantes para casais que estão se divorciando ou que já se divorciaram como forma de evitar problemas emocionais para os filhos e tentarem, no mínimo, amenizar a dor que essa separação traz para todos:

1. Fale sobre o divórcio da melhor forma

Conversem sobre o divórcio com seus filhos e expliquem o motivo da decisão tomada. Nesse momento, é importante escutá-los e entender seus sentimentos em relação a isso e deixar claro que a decisão de vocês nada tem a ver com eles. Demonstrem amor e respeito por seus filhos. Isso lhes dará mais segurança. Lembre-se. Ele é 50% seu e 50% do pai e isso tem que ser respeitado.

2. Construa uma relação saudável com o pai dos seus filhos

Não estou querendo dizer aqui que vocês devam ser "*Best friend forever*", como se nada tivesse acontecido. Não é isso! Lembra que eu disse que agora são "pai" e "mãe" e não mais "marido e mulher"? Isso explica por que é tão importante ter uma relação saudável para o bem do seu filho e, para isso, a harmonia é fundamental.

3. Evite comentários pejorativos em relação ao seu ex-cônjuge e à família dele

Se você conseguir levantar as qualidades do seu ex, como forma de abordar seus pontos positivos, ótimo! Se não for possível, é melhor evitar comentários que denigrem a imagem do pai perante os filhos. Da mesma forma deve fazer em relação à família do seu ex. Evite comentários que não acrescentarão nada de positivo na vida dos seus filhos.

Talvez seu estopim seja curto e você acabe verbalizando sentimentos negativos em relação ao ex. Se isso acontecer, observe para não fazer na frente dos filhos.

4. Não deixe seu filho dividido

Não peça ou exija de seu filho que tome posição a seu favor. Não peça aos seus filhos para escolherem entre você e o pai deles. Não os envolva em nada que os tire do convívio saudável com o seu ex, por pura vaidade ou ego ferido. Não exija (mesmo que inconscientemente) que seu filho assuma sua dor, ou seja, fique do seu lado. Lembre-se de que você está criando um filho para o mundo e não para você.

5. Evite brigas na frente dos filhos

Brigas não são boas para ninguém. Além de sugar a energia, o clima fica horrível. Evite brigas na frente dos filhos com seu ex-cônjuge. Se tiverem que conversar de uma forma mais "quente", façam isso longe dos filhos. O melhor é tentar manter a calma e a inteligência emocional.

6. Se não consegue sozinha, busque ajuda

Talvez você não consiga superar o fim do relacionamento sozinha. Não tenha vergonha, busque ajuda. Um terapeuta, um orientador espiritual ou um *coach* de sua confiança com quem você possa conversar e acalmar seu coração. Conversar, refletir, desabafar, dizer que não está conseguindo sozinha poderá fazer você se sentir melhor e encontrar alternativas. Isso é um bom caminho para a superação e o equilíbrio das emoções.

Para finalizar este capítulo, gostaria de te fazer algumas perguntas. Elas são importantes para conhecer o quão você realmente superou o seu fim de relacionamento e o quanto isso está impactando ou já impactou os seus filhos, caso os tenha. Vamos lá?

1. Escreva abaixo algo que você fez na sua fase de divórcio ou pós-divórcio que contribuiu positivamente para o estado emocional do(s) seu(s) filho(s).

Despedida de casada

2. Tem alguma coisa que você fez e que se arrependeu de ter feito? O que faria de diferente?

_____

_____

_____

_____

_____

_____

_____

_____

3. De 0 a 10, o quanto você se considera uma pessoa bem resolvida em relação ao seu fim de relacionamento? Se a resposta for menor que 10, o que precisa acontecer para que você possa alcançar a nota 10?

_____

_____

_____

_____

_____

_____

_____

_____

_____

3.1. Se algo precisa acontecer, essa atitude afeta negativamente alguma pessoa, como você, seu(s) filho(s), seu ex-cônjuge, a família do seu ex-cônjuge ou algum amigo em comum? Se a resposta for sim, o que você poderia fazer para que essa atitude minimize os impactos negativos?

_____

_____

_____

_____

_____

_____

_____

_____

_____

_____

Despedida de casada

Se você conseguiu dar um novo significado a sua relação com o seu ex-marido, a partir da leitura deste capítulo, e entendeu que os seus filhos são as pessoas mais importantes da sua vida e, por isso, você quer todo o bem do mundo para eles, você está cada vez mais pronta para dar uma nova guinada em sua vida e ser a melhor pessoa que puder ser. Lembre-se de que o amor pelos filhos não se divide, se multiplica.

5°

Independência financeira

Relação divórcio-dinheiro

Despedida de casada

Segundo a publicação de uma pesquisa da Ohio State University, citada no Blog "Dicas de Mulher", foram apontados fatos curiosos acerca do quão caro pode sair o divórcio para um casal. "Dentre os 7.272 entrevistados, a maioria não deu entrada oficialmente no divórcio antes de completar dois anos de separação. Quinze por cento, no entanto, só o fizeram após dez anos de separação não oficial. O motivo alegado por essas pessoas é que oficializar o divórcio é financeiramente inviável, principalmente quando há crianças envolvidas."

E aí? Como sair dessa fase complicada? O envolvimento emocional e financeiro de um casal é tão grande que muitas vezes acreditamos que não tem como qualquer das partes sair bem dessa situação. O emocional, por si só, já é um peso enorme no momento da separação, agora, imagina isso vir acompanhado da dependência financeira!

Deparamo-nos com três tipos de situação:

1. A mulher não trabalha e depende financeiramente do companheiro;

2. A mulher e o marido trabalham, mas ela não detém o controle financeiro da família;

3. A mulher ganha mais que o marido ou ele não trabalha.

Em qualquer das três situações normalmente há conflito. A maioria dos casamentos no Brasil é realizada no regime de comunhão parcial de bens, salvo algumas exceções em que um dos cônjuges possui um patrimônio superior e se opta por um contrato pré-nupcial ou a separação total de bens.

Caso o regime escolhido seja a comunhão parcial de bens, significa que todos os bens que foram adquiridos após o casamento serão comuns ao casal. Ou seja, em um eventual divórcio, todos esses bens são igualitariamente divididos, independentemente se você contribuiu mais ou menos para a acumulação dos bens. Portanto, mesmo que o divórcio seja consensual, por precaução contrate

Despedida de casada

um advogado com experiência no assunto. Pois além da divisão dos bens, existem outros aspectos que precisam ser considerados, como pensão para os filhos menores, como vai ser estabelecida a guarda dos filhos etc.

As dívidas precisam de uma atenção especial. Principalmente o financiamento habitacional. Para evitar transtornos futuros, o ideal é que o imóvel seja vendido e o valor dividido entre ambos, ou um dos cônjuges comprar a fração ideal pertencente ao outro e essa compra deve ser oficializada no banco detentor do financiamento. Lembro-me de um caso em que o imóvel permaneceu com um dos cônjuges, mas não oficializaram o contrato no banco, ou seja, o imóvel continuou no nome dos dois, e o responsável pelo pagamento das prestações não conseguia pagar em dia, o nome de ambos foi para o serviço de proteção ao crédito e a empresa de cobrança efetuava ligações para os telefones dos dois. Em outro caso, a pessoa que havia ficado responsável pelo pagamento faleceu e como ele tinha contribuído com 100% da renda para o financiamento, o imóvel foi quitado pelo seguro e nova briga judicial foi iniciada entre a ex-esposa (que possuía filhos oriundo do casamento anterior) e a esposa atual que, inclusive, morava no imóvel.

Parte da resposta à pergunta de como eu saí tão bem de um final de casamento eu atribuo a minha independência financeira. Eu tinha um salário bom e experiência em lidar com o dinheiro. Quando temos um salário que nos permite viajar, realizar procedimentos estéticos, comprar roupas novas, contratar treinamentos de autoconhecimento, contratar um *personal trainer*, um *coach*, um terapeuta, entrar para um grupo de corridas ou bicicleta, enfim, realizar as famosas "coisas de mulher", fica muito mais fácil a readaptação à vida de solteira. Tudo isso te empodera e sua autoestima melhora muito! Mas, afinal, o que é independência financeira?

É importante que tenhamos um entendimento do significado de Reserva financeira, Independência financeira e Riqueza para entender a independência financeira.

Reserva Financeira significa você ter disponível no banco, em uma aplicação com liquidez, dez vezes o seu gasto mensal. Por exemplo, se você gasta cinco mil reais por mês, sua reserva financeira será de cinquenta mil reais. Caso aconteça algum imprevisto (perda de emprego, doença) você terá como se manter por alguns meses. Você tem reserva financeira?

Independência Financeira significa que o dinheiro trabalha para você ou que você já contribuiu durante anos e já possui a tão sonhada aposentadoria. No entanto, você ter independência financeira não significa que é rico. Se você não precisa trabalhar e ganha seu salário, de certa forma teria independência financeira, mas se esse salário não é suficiente para suas despesas mensais,

Despedida de casada

mesmo que possua uma boa reserva financeira, significa que você não é rico e que pode vir a passar necessidades no futuro. Pois se todo mês utilizar seu salário + parte do capital da reserva + os rendimentos em um prazo médio, a fonte seca. Vejamos um exemplo. Você possui um milhão de reais aplicado no banco que te garante uma renda mensal de seis mil reais e seu salário é de quatro mil reais. No entanto, sua despesa mensal é de vinte mil reais todos os meses. Quatro mil reais referentes ao salário, seis mil reais do rendimento e mais dez mil reais do capital. Se você não acrescentar nenhum recurso nesta reserva financeira, em menos de dez anos a sua reserva financeira terá evaporado. Por isso, mesmo que tenha uma reserva financeira boa, fique atenta e pense no seu futuro, pois é na velhice que as despesas aumentam.

Riqueza significa que o dinheiro não decide por você. Imagine que você seja convidado para uma viagem daqui a dez dias para o exterior. A sua decisão não levará em conta o valor monetário da viagem. Isso significa que você, além de manter o seu padrão de vida, pode cometer alguns exageros de consumo, sendo que estes exageros não alterarão em nada a sua vida futura, ou seja, não te farão falta.

Muitas mulheres não possuem afinidade com o controle do dinheiro e algumas terceirizam este assunto aos companheiros. Mas como construir essa independência financeira após um divórcio ou até mesmo como administrar essa independência financeira que até então era delegada ao ex-marido?

Compartilho com você quatro dicas importantes, que me ajudaram muito no momento em que o divórcio bateu em minha porta:

1. Mantenha-se no mercado de trabalho.
2. Procure estar sempre atualizada, estude, se socialize.
3. Tenha o controle do dinheiro; do seu e da família.
4. Seja amiga do seu dinheiro. Se interesse por investimentos, queira saber como multiplicá-lo.
5. Tenha objetivos na vida – Sonhe!

Se essas não eram práticas durante seu casamento, agora elas são essenciais. Sabe por quê? Porque sem isso é impossível você conseguir o que quer com mais facilidade.

Ter independência financeira não é apenas ter dinheiro, é ter responsabilidade acima de tudo. Sabe com quem? Com você, com seu futuro e com quem depende de você, como filhos, por exemplo.

Eu trabalhei em um grande banco por vinte e sete anos e em vinte e um deles ocupei cargo gerencial. Fui observando o comportamento financeiro das pessoas, especialmente das mulheres, e descobri que o descontrole financeiro independe do valor de salário que as pessoas ganham. Muitas vezes, quem tem maiores salários é mais endividado. Ou seja, ganha mais, gasta

Despedida de casada

mais e, por consequência, deve mais. Percebi também que a maioria das mulheres casadas "ocultam" alguns gastos dos maridos e têm dificuldades em controlar as compras. Além disso, nos últimos dois anos, ainda trabalhando no banco, fiz a minha formação em *coaching* e durante as sessões de *coaching* percebi mais um comportamento comum a quase todos os clientes, a falta de um objetivo específico. Quando eu perguntava para clientes com trinta, quarenta ou cinquenta anos como estaria sua vida financeira em cinco anos, a grande maioria me respondia: "Não sei, nunca parei para pensar nisso". Verifiquei *in loco* pessoas que pagavam financiamento habitacional, consignado, prestação do carro e, pasmem, não era qualquer carro, era sempre um carro de marca famosa que custava ¼ do valor do apartamento onde morava, apartamento esse que curiosamente também estava financiado. Vi muito consumo patrocinado e confesso a vocês que durante a minha vida de casada eu também cometi alguns dos erros que vou citar aqui e graças ao meu aprendizado com o *coaching* financeiro consegui ver onde eu estava errando e reconduzir o rumo da minha vida financeira.

Convido você a fazer uma pequena reflexão sobre as perguntas a seguir. Pare tudo o que está fazendo, reflita e responda:

Despertando a autoconsciência financeira

1. Qual o significado do dinheiro na sua vida?

_____
_____
_____
_____
_____
_____
_____
_____

2. Cite em trinta segundos três metas que você quer alcançar em um prazo de dois anos.

_____
_____
_____
_____
_____
_____
_____
_____
_____

Despedida de casada

3. Após o término do seu casamento, você conseguiu sobreviver dignamente e manter o seu padrão de vida?

_____
_____
_____
_____
_____
_____
_____
_____
_____
_____

4. Se você falecesse hoje, as pessoas que dependem de você financeiramente conseguiriam se manter por quanto tempo?

_____
_____
_____
_____
_____
_____
_____
_____
_____
_____

5. O seu patrimônio tem aumentado ou diminuído?

_____

_____

_____

_____

_____

_____

_____

_____

6. Você se mantém atualizada no mercado de trabalho no ramo em que você atua? O seu trabalho te proporciona um padrão de consumo e um estilo de vida que te satisfaz?

_____

_____

_____

_____

_____

_____

_____

_____

Despedida de casada

7. Você tem alguma reserva financeira para casos de urgência?

_____

_____

_____

_____

_____

_____

_____

_____

_____

_____

8. Você controla as suas despesas? Como? Qual a periodicidade que você mantém este controle? Diária? Semanal? Quinzenal? Mensal?

_____

_____

_____

_____

_____

_____

_____

_____

_____

_____

9. Quais são seus maiores sonhos na vida? Quando você vai realizá-los?

_____

_____

_____

_____

_____

_____

_____

_____

_____

_____

Ter essa autoconsciência e saber o quanto de impacto tem o seu trabalho e a relação com seu dinheiro na sua vida lhe trará um novo olhar para seguir adiante e superar o término da sua relação conjugal. Antes do meu divórcio eu pensava que dinheiro era importante, hoje tenho certeza!

Vamos continuar a caminhada? No próximo capítulo, você entenderá como essas perguntas refletem diretamente na sua independência financeira, no seu trabalho e nos seus sonhos. Quero dividir com você como eu consegui ter uma vida boa, fazer uma das coisas de que mais gosto, que é viajar pelo mundo, ter meu apartamento, meu carro, ter reserva financeira e não ser escrava do dinheiro.

Despedida de casada

**Inteligência financeira
Relação Trabalho-Dinheiro**

Existe uma certa crença limitante de que dinheiro não traz felicidade.

Realmente, dinheiro não traz felicidade, mas a falta dele destrói casamento, abala a autoestima e fere a dignidade das pessoas. Conheço vários casos de casais que se entendiam em todos os aspectos, se amavam, tinham filhos adoráveis, e o descontrole financeiro corroeu o relacionamento. Mas, por que esse descontrole acontece?

Ganhamos dinheiro na medida em que trabalhamos. Pelo menos é isso que a maioria das pessoas faz, salvo quando se tira a sorte grande, ganhando na loteria ou sendo favorecido por uma boa herança. O trabalho, portanto, é um dos nossos maiores aliados para conquistarmos uma vida estável, comprarmos a tão sonhada casa própria, carro, pagar a escola dos filhos, fazer aquela viagem dos sonhos e desfrutar de tudo que o dinheiro possa nos proporcionar. Nem sempre relacionamos a nossa motivação profissional ao quanto de dinheiro ganhamos, mas inconscientemente ao que podemos comprar com o quanto ganhamos. Ter uma relação saudável com o dinheiro que se ganha é fundamental. Portanto, para que essa relação aconteça é preciso ter inteligência financeira, sendo o seu trabalho parte dela.

Permita-me relembrar uma passagem bíblica que fica em Mateus 25:14-30.

A um deu cinco talentos, a outro, dois e a outro, um, a cada um segundo a sua própria capacidade; e, então, partiu. O que recebera cinco talentos saiu imediatamente a negociar com eles e ganhou outros cinco. Do mesmo modo, o que recebera dois ganhou outros dois. Mas o que recebera um, saindo, abriu uma cova e escondeu o dinheiro do seu senhor. Depois de muito tempo, voltou o senhor daqueles servos e ajustou contas com eles. Então, aproximando-se o que recebera cinco talentos, entregou outros cinco, dizendo: Senhor, confiaste-me cinco talentos; eis aqui outros cinco talentos que ganhei. Disse-lhe o senhor: Muito bem, servo bom e fiel; foste fiel no pouco, sobre o muito te colocarei; entra no gozo do teu senhor.

Despedida de casada

E, aproximando-se também o que recebera dois talentos, disse: Senhor, dois talentos me confiaste; aqui tens outros dois que ganhei. Disse-lhe o senhor: Muito bem, servo bom e fiel; foste fiel no pouco, sobre o muito te colocarei; entra no gozo do teu senhor. Chegando, por fim, o que recebera um talento, disse: Senhor, sabendo que és homem severo, que ceifas onde não semeaste e ajuntas onde não espalhaste, receoso, escondi na terra o teu talento; aqui tens o que é teu. Respondeu-lhe, porém, o senhor: Servo mau e negligente, sabias que ceifo onde não semeei e ajunto onde não espalhei? Cumpria, portanto, que entregasses o meu dinheiro aos banqueiros, e eu, ao voltar, receberia com juros o que é meu. Tirai-lhe, pois, o talento e dai-o ao que tem dez. Porque a todo o que tem se lhe

> dará, e terá em abundância; mas
> ao que não tem, até o que tem
> lhe será tirado. E o servo inútil,
> lançai-o para fora, nas trevas. Ali
> haverá choro e ranger de dentes.

Por que eu trago essa passagem bíblica? Apenas para relembrá-la de que muitas das leitoras que estão lendo este livro possuem talentos adormecidos e que não utilizam. Vivem a vida dos filhos, viveram a vida do marido e, muitas vezes, nem sabem mais do que gostam e do que as faz felizes, se esquecem de viver a sua própria vida. Nem se lembram de ter a sua reserva financeira, fruto da aplicação dos seus talentos. Saber usar os seus talentos de forma que agreguem valor ao seu trabalho e, consequentemente, permitem conquistar sua independência financeira é importantíssimo para se superar qualquer crise, mas principalmente para ter um divórcio bem-sucedido e com dignidade. Mas, para isso, é preciso planejamento.

Onde você quer estar daqui a cinco anos? Quanto de dinheiro terá no banco? Terá comprado a sua casa própria? Como ela será? Qual carro você terá? Se você não parou para pensar nisso, tenho uma notícia não muito boa para você. Se não sabe para onde vai, qualquer caminho serve. Ou ainda, "deixa a vida me levar, vida

Despedida de casada

leva eu" é para quem não sabe o que quer. Por isso sugiro que pare e pense. O que te faz feliz? Quais são seus sonhos? Quais recursos financeiros você tem para concretizar seus sonhos? O que você está disposta a fazer para realizar seus sonhos? Se esses questionamentos estão adormecidos em você, ACORDE!

Eu te pergunto novamente: qual é o seu sonho? É muito importante que você tenha sonhos e os transforme em seus objetivos para evitar possíveis desvios de foco.

Imagine a seguinte situação. Você tem um sonho de conhecer o Rio de Janeiro e passar o Réveillon assistindo aos fogos na praia de Copacabana. No entanto, esse é apenas um sonho. Você ainda não o transformou em objetivo e não o planejou, pois está muito atarefada para decidir detalhes da viagem. Quando falta um mês para a viagem é que você começa a pensar no assunto, e aí pode ser tarde demais. De última hora, você pagará muito mais caro e a viagem pode se tornar inviável. O sonho de assistir à queima de fogos na praia de Copacabana ficará para o ano seguinte. Você ficará em casa assistindo ao *show* da virada na televisão, enquanto vê suas amigas postando fotos em vários lugares do mundo. Agora, se esse sonho foi transformado em objetivo lá em janeiro, no início do ano, com certeza, ele será realizado, pois você vai se programar e aproveitar as oportunidades de promoções de passagens aéreas e hospedagem ao longo do ano.

Insisto. Se você não sabe para onde ir, qualquer caminho serve. E, nesse caso, nem sempre o destino final é o mais agradável.

Seja a gestora da sua vida e transforme o seu sonho em um objetivo claro, mensurável, ético, atingível, relevante e com prazo. Para você conseguir atingir as metas definidas, parte dos seus recursos precisa ir para a conta investimento. E, se não está sobrando recursos para investimento, você precisa imediatamente começar a controlar os seus gastos ou aumentar a sua renda. Para aumentar a sua renda, a saída é se especializar cada vez mais na sua área de atuação. Seja curiosa, inove, pesquise, potencialize seu negócio ou sua carreira e novamente utilize seus talentos. Sobrou dinheiro? Construa uma renda passiva, procure informações para o melhor investimento do seu dinheiro. Faça o dinheiro trabalhar para você.

Como controlar os seus gastos

Responda sinceramente: você controla seus gastos? Sabe exatamente quanto ganha e quanto gasta? Se respondeu sim, parabéns! Você faz parte de um seleto grupo, pois pesquisa do SPC Brasil de janeiro de 2014 aponta que 81% dos brasileiros de todas as classes sociais sabem pouco ou quase nada sobre finanças pessoais.

Despedida de casada

Agora, se respondeu não, você precisa urgentemente começar a controlar todos os seus gastos e saber exatamente quanto ganha e quanto gasta. Existem no mercado várias ferramentas que podem te auxiliar nessa organização, como as planilhas de *Excel*, aplicativos de celular, controle com envelopes ou até mesmo no caderninho anotando a receita e todas as despesas. O importante é que você reserve pelo menos uma hora por semana para verificar todas as despesas, inclusive as que denominamos despesas fantasmas, como, por exemplo: estacionamento do *shopping*, doação no sinal, pequenas contribuições no ambiente de trabalho e outras mais. Caso não tenha habilidade com tecnologia, faça na unha mesmo. O cálculo é simples e acontece em dois passos:

1º Passo: liste todas as suas despesas mensais (fixas e variáveis) e faça a sua soma;

2º Passo: depois diminua todas as suas despesas da sua receita (salários + ganhos extras). Este resultado precisa ser positivo.

Importante: sempre ganhe mais do que gaste e nunca o contrário. Seu projeto precisa estar no orçamento que vai direto para a conta investimento, como a poupança, previdência privada, tesouro direto, fundos de investimento.

Saindo do vermelho: como quitar dívidas

Se você fez os cálculos anteriores e a resposta foi: a situação está descontrolada, há dívidas que parecem impagáveis e o primeiro sentimento é de desespero. Calma! Ainda existe solução para o seu caso. Nas minhas sessões de *coaching* costumo ouvir: "Nem sei por onde começar", "é um caso perdido". Nesta situação, direciono o cliente para a mudança de crença limitante e controle dos gastos. Por que mudança de crença? Porque como o descontrole financeiro já se tornou um hábito, estabeleceu-se a crença de que é difícil mudar. O *coaching* entra para fazer uma conversão urgente nesse descontrole. Adianto a você que não é fácil, pois toda mudança gera desconforto, mas, com persistência e foco, você conseguirá. Um dia desses ouvi o relato de uma amiga de que seu ex-marido era muito descontrolado financeiramente. Ela sofria com isso há vários anos e ao se separarem, adivinha? Ela ainda ficou com muitas dívidas que ele havia feito em seu nome. Apesar do desgaste e sofrimento da separação, ela focou no seu trabalho, tomou as rédeas de sua situação financeira, junto com a dos filhos menores de idade, e conseguiu se reerguer. Como? Estabeleceu o orçamento, controlou os gastos e readequou suas necessidades de consumo até que finalmente quitou suas dívidas. Hoje ela já está mais tranquila, consegue viajar e realizar muitos de seus novos sonhos e objetivos de vida.

Despedida de casada

Venha comigo! Vamos começar pelo começo! Isso mesmo, pelo começo.

1. Faça um levantamento de todas as suas despesas mensais e suas dívidas atuais. Tome consciência da situação, isso é o mais importante.

2. Após esse levantamento, escolha as dívidas mais caras. Renegocie. Normalmente, as dívidas mais caras são as feitas nas Instituições Financeiras. E tem mais! Não adianta renegociar a dívida só para "limpar o nome", como muitos fazem. Você precisa colocar essa nova despesa no seu orçamento mensal e mudar seus hábitos de consumo, adequando o que ganha ao que gasta.

E se mesmo assim você me disser: "A conta não fechou! Não consigo adequar a prestação da renegociação ao que eu ganho". Eu te digo. Não existem milagres. Não existe uma receita pronta para você nem uma que seja para sempre! Cada caso tem seu cenário específico e peculiar, e somente quem o vive consegue criar sua própria receita. Por que a conta não fecha? Qual é o meu padrão de consumo? Gastos compulsivos? Gastar para aliviar tensões?

O que você ganha e o que você perde?

Uma cliente fez *coaching* comigo para tomar uma decisão na sua vida profissional, e na sessão eu utilizei uma ferramenta que chamamos de perdas e ganhos. Algum tempo depois, lá estava eu criando a minha palestra "*Coaching* e educação financeira para mulheres". Então, foi minha vez de convidá-la para me ajudar como cliente e entender como ela receberia o conteúdo proposto. Para minha surpresa, ela me disse: "Bertu, por que você não fala sobre aquela técnica? O que eu ganho e o que eu perco na hora de decidir sobre o consumo? Eu, por exemplo, tenho quarenta e dois vestidos e sou viciada em comprar vestidos, porém, depois daquela sessão que fizemos, eu sempre me pergunto o que perco e o que ganho se eu comprar mais um vestido". Veja que esta cliente era compulsiva por vestidos. Na verdade, a compra de um vestido novo momentaneamente funcionava para ela como um gatilho para aliviar tensão. No entanto, após a euforia da compra, vinha a culpa pela compra desnecessária, o desentendimento com o esposo etc. Portanto, diante de uma situação de consumo, devemos sempre responder à seguinte pergunta: é desejo ou necessidade? E saiba que na maioria das vezes a resposta é desejo. Devemos verificar por que a conta não fecha. Qual é o ralo que está levando todo o meu salário? Qual é o meu padrão de consumo?

Outro motivo de a conta não fechar é a compra parcelada. Veja as armadilhas: "Dez vezes sem juros! Leva, ficou lindo em você!". A voz melodiosa e treinada da vendedora ressoa no ouvido: "Ficou linnnndo em vocêêê; parcelamos em dez vezes sem juros; você vai

Despedida de casada

pagar uma parcelinha de apenas R$ 43,90; você está poderosa nesta roupa". Nesse momento você pensa: eu mereço, posso pagar R$ 43,90. Só que você não faz a conta de que, na verdade, está pagando em um pedaço de tecido meio salário mínimo. Mas o pior é que não para por aí. Tem o sapato e a bolsa, em outra loja, e o seu cérebro não registrou aquele valor gasto na loja anterior. Então você paga em uma sandália R$ 360,00 em 10 vezes sem juros e mais R$ 450,00 na bolsa, também parcelados em 10 vezes. Vamos fazer a conta? Você já comprometeu R$ 124,90 mensais em uma simples ida ao shopping para os próximos dez meses.

Dica: é importante que você equacione seus gastos, isto é, avalie, pondere, mas se mesmo assim você não conseguir adequar suas despesas ao que ganha, é necessário empreender, ou seja, aumentar seus ganhos. Utilize seus talentos! Lembre-se da passagem bíblica sobre os talentos que citei no capítulo anterior.

Vou te dar mais um exemplo. Conheço uma pessoa que sabe fazer brigadeiros deliciosos e que todos elogiam. Ela complementa a renda da família com a venda dos brigadeiros no ambiente de trabalho. Tudo começou quando ela percebeu que a maioria dos colegas almoçava no trabalho e que após o almoço ansiava por uma sobremesa. Ela levava brigadeiros para si e acabava dividindo com algum colega formiga por doce. Então surgiu a ideia de fazer os brigadeiros para vender. Faça agora uma pequena conta. Ela gasta R$ 5 para fazer 10 brigadeiros e vende cada brigadeiro a R$ 2,50. Ao final do dia ela fatura R$ 25, desconta os R$ 5, tendo um lucro diário de R$ 20 e R$ 400 ao final do mês.

O que você gosta de fazer? Utilize sua habilidade para ampliar sua renda e sair das dívidas. Qual é a sua habilidade? Trabalhos manuais? É fluente em uma segunda língua? Gosta de animais? Faz sua maquiagem muito bem? Sabe organizar ambientes? Pense em como seus talentos podem contribuir para aumentar sua renda e realizar seus sonhos.

Veja abaixo algumas dicas que podem ajudar a controlar suas finanças. Escolha a que melhor se adeque a você e marque o (x) em seu respectivo quadradinho abaixo. Isso poderá ajudar o seu inconsciente a projetar a sua organização em qualquer fase da sua vida.

Aprendendo a organizar minhas finanças

☐ Utilize uma agenda, bloco, ou caderno para fazer os registros das receitas da família, isto é, os ganhos.

☐ Relacione as despesas de todos os tipos. O melhor mesmo é utilizar uma planilha financeira.

☐ Separe as despesas em fixas, variáveis e eventuais. Como exemplos de despesas fixas temos aluguel e prestação da casa; despesa variável, o supermercado.

Despedida de casada

O valor gasto no supermercado pode variar de acordo com a alteração de preços dos itens que você consome regularmente, ou por eventuais itens acrescentados à lista de compras para um almoço especial.

☐ Não se esqueça das despesas eventuais, como os impostos, remédios, presentes e outras mais.

☐ Escolha uma caixa, envelope ou pasta para guardar todos os recibos e notas fiscais. Quantas vezes as pessoas deixam de usufruir do benefício da garantia porque não sabem onde colocaram a nota.

☐ Envolva toda a família no processo. Isso é importante. Se você ainda está casada não "oculte" do parceiro receitas ou despesas. Isso é um tiro no pé. Evite desperdícios de alimentos, água, energia e telefone. Envolva toda a família na mudança de hábitos.

☐ Veja quanto você pode economizar em cada item: supermercado, carro/moto, telefone celular e fixo. Faça com que seus filhos também colaborem nestes controles. Demonstre com dados. Por exemplo, pegue a conta de luz e compare a quantidade de kWh gasto de um mês para o outro. Se aumentou muito, verifique onde foi esse consumo, tanto pode ser o ar condicionado ligado o dia todo como uma geladeira velha. Cada casa é um caso.

☐ Fique atenta aos cartões de crédito – nunca pague o valor mínimo. Se você não tem controle no uso do cartão, radicalize, corte o cartão, renegocie e não esqueça de cancelá-lo na operadora.

☐ Observe que liquidações e promoções são puro marketing psicológico – aprenda a dizer NÃO. Pergunte-se sempre: é desejo ou necessidade? Quantas vezes compramos por impulso e depois nos arrependemos.

☐ Negocie. Compras à vista permitem negociação; desconto. Não se esqueça de pedir o desconto antes de fechar a compra. Evite o consumo patrocinado, em que você gasta antes de ganhar e paga taxas de juros por antecipar o consumo.

☐ Planeje suas viagens com antecedência. Evite altas temporadas, quando os preços são mais altos. Pesquise antes de comprar.

☐ Defina valor de investimento mensal para criar ativos (30% da renda).

☐ Concentre suas economias em um único Banco. Uma economia de tarifa R$ 30 ao mês equivale a R$ 360 ao ano, sem a capitalização do dinheiro;

☐ Diversifique investimentos, proteja seu dinheiro. Nunca coloque todos os ovos na mesma cesta.

Despedida de casada

☐ Utilize suas habilidades em novas atividades – exemplo do brigadeiro. Quais são seus talentos?

☐ Selecione os investimentos observando o seu momento de vida: idade dos filhos, tempo para se aposentar, previsão de renda na aposentadoria.

☐ Faça caminhadas ao ar livre, frequente uma academia, ou ainda, vá para o trabalho de bicicleta. Faça piqueniques no parque com as crianças, reinvente maneiras criativas de se divertir.

Ao concluir este capítulo, reitero a importância da independência financeira em eventual "despedida de casada". Assim como ela foi essencial para mim, acredito fielmente que ela também o seria na história de tantas mulheres que ainda dependem financeiramente dos seus ex-maridos e, como consequência, não conseguem se desvencilhar emocionalmente deles. Nesses casos, sempre aparecem os motivos para "conversar" e essas conversas são intermináveis, assim como os problemas com a "pensão alimentícia", que frequentemente vêm com uma energia muito carregada. E quando a pensão alimentícia nem vem? Ou ela é tão pequena que não consegue suprir as necessidades dos filhos? Muitas vezes parece que a obrigação do sustento dos filhos fica apenas sobre os ombros das mães. Quantas vezes eu já ouvi relato de mães dizendo que seus ex-maridos simplesmente dizem que estão "apertados" financeiramente e não podem ajudar com o dinheiro da pensão dos filhos. E assim se vão, meses e meses, com desgastes na Justiça. Essa dependência financeira impede a mulher de seguir seus novos caminhos e reconstruir sua vida.

Eu concluo este capítulo te alertando para os pontos principais da prosperidade:

• Tenha sonhos e defina prazo para realizá-los;

• Saiba ganhar dinheiro – Se reinvente, inove, empreenda, se atualize. Não se contente com pouco. Sonhar grande e sonhar pequeno ocupa a mesma quantidade de energia em seu corpo.

• Saiba gastar. Não compre o que não precisa, controle os gastos. Sempre faça a pergunta mágica diante de uma situação de consumo. "É desejo ou necessidade?"

• E, por último, saiba investir. Não poupe apenas para guardar dinheiro e sim para aumentar seu patrimônio, fazer o dinheiro trabalhar para você.

Portanto, assim como você faz na empresa em que trabalha, faça também na sua vida pessoal: planeje, estabeleça metas, tenha foco, faça acontecer e comemore!

6°

Perdoar

O melhor que você pode fazer por si mesma

Despedida de casada

Maria era uma mulher muito bonita, a beleza física a destacava de outras mulheres. Os homens a desejavam e ela moça do interior acabou aceitando as investidas de Carlos, um comerciante próspero da cidade. Os dois se casaram e Carlos a apresentava como um troféu na cidade, no entanto, entre quatro paredes ele a maltratava, morria de ciúmes dela e não satisfeito também a traía. Certo dia, Maria descobriu a traição de Carlos e começou a se sentir injustiçada com tudo que estava vivendo. Ela, então, se recolheu à tristeza e não conseguia seguir em frente. Cada vez que lembrava do marido, a cena da traição entrava como chamada principal em sua mente. E cada vez mais ela adoecia. Não demorou muito para o diagnóstico de câncer ser comunicado e, infelizmente, tempos depois ela veio a falecer sem conseguir perdoá-lo. Carlos por sua vez, refez sua vida, casou-se novamente e formou uma linda família.

Na história anterior, quem Maria puniu pela falta de perdão? Infelizmente somente a si mesma. Neste caso, a falta de perdão a levou à morte. Todos os dias nos noticiários nos deparamos com casos reais de pessoas que destroem suas vidas pela falta de perdão. É comum assistirmos nas novelas a heroína que volta triunfantemente para vingar as pessoas que a fizeram mal no passado e esse tipo de vingança acaba infiltrando no inconsciente coletivo de quem assiste ao folhetim.

Precisamos perdoar para nossa vida seguir. A falta de perdão funciona como tomar um veneno e esperar que o outro morra.

Perdão significa absolvição, divindade, tolerância! Algo difícil de praticar, principalmente quando ainda existe mágoa. Dizem que o perdão deve ser sentido primeiro no coração, para depois se transformar numa atitude. Há quem diga que o perdão é a chave para a liberdade. O que eu posso te dizer é que o perdão é algo saudável e importantíssimo para a vida espiritual, pois envolve amor – primeiro amor-próprio, depois a Deus, ao Universo ou a divindade que você acreditar e, assim,

Despedida de casada

o amor ao outro acontece. De todos os atos de amor, o perdão é o mais sublime, o mais libertador.

Pedro, ao perguntar a Jesus: "Mestre, quantas vezes devo perdoar o meu irmão?..." Jesus respondeu: "setenta vezes sete" (Mateus 18:21-22). Porque Jesus responde dessa forma. Porque para que a vida flua o perdão precisa estar presente todos os dias da nossa vida. Desde a hora em que acordamos até a hora que vamos para a cama estamos diante de situações que exige perdão. Ou o autoperdão ou o perdão ao próximo.

Quem perdoa é considerada uma pessoa virtuosa. Normalmente, quem não perdoa, carrega dentro de si um sentimento de amargura que atrofia a capacidade de amar. Mas, por que é tão difícil perdoar? Por que nem todos conseguem?

Algumas explicações para a falta de perdão também estão ligadas aos cinco estágios do luto/mudança de Elisabeth Kübler-Ross, que eu falei no capítulo 2º - Hora de tirar a aliança!

No 1º estágio, que é a negação, o perdão só não acontece por causa de uma atitude de autodefesa, soberba, como se o que o outro nos fizesse não nos atingisse. É aquele ter que "engolir seco" ou "o que vem de baixo não me atinge". Mas atinge e como atinge! Isso normalmente está relacionado à dificuldade de aceitar a situação de primeiro momento.

Depois vem o estágio da raiva, da ira. A pessoa atingida pela situação quer jogar a culpa em alguém, como dizem "pegar alguém para Cristo", simplesmente descarregar sua raiva. Esse culpado pode ser, inclusive, o ex-cônjuge, a família do ex-cônjuge, algum amigo e até mesmo os filhos, Deus, o Universo e a si mesmo.

Segundo Jill Bolte Taylor explica, em seu livro *A cientista que curou o próprio cérebro*, a raiva só dura noventa segundos, sendo o tempo de acioná-la no sistema límbico, ou seja, ativá-la em suas emoções. Jill ainda explica que, após esse tempo passado, se alguém se mantém zangado é porque escolheu manter o circuito da raiva operando sobre si mesmo. A pessoa pode fazer a escolha de desligar o neurocircuito ou voltar para o estado presente, retornando ao seu estado normal e equilibrado.

Passado o estágio de ira, vem uma espécie de depressão por causa de um sentimento de culpa. É a hora da melancolia, tristeza. Nessa fase, perdoar o outro ou a si mesmo se torna mais doloroso.

No quarto estágio, que é o da negociação, barganha, começa a criação de condições para conseguir perdoar, sendo comuns os famosos dizeres: "Só perdoo se vier de joelhos me pedir perdão pelo mal que me causou." É comum neste estágio as pessoas confundirem o verdadeiro sentido do perdão. Imagine que a pessoa venha e de joelhos peça perdão por tê-la traído e pelo mal que causou, e naquele momento, sucumbida pela emoção, Ela o aceita de volta e "o perdoa". No entanto, lá dentro da sua cabeça a mágoa ainda permanece e

Despedida de casada

qualquer gesto, palavra ou objeto pode se tornar um gatilho para reacender a raiva. Conheci uma mulher que aceitou o marido de volta após uma traição, mas tornou-se escrava da ira e a cada deslize que o marido cometia a primeira palavra que ela dizia era: "Se fosse a biscate..." Acho que nem preciso contar o final dessa história.

Passados todos os estágios anteriores, o perdão acontece no estágio da aceitação. Aceitar, por vezes é desprender daquilo que pesa, deixando livre, deixando ir embora. É curar-se, desapegar-se e evoluir espiritualmente chegando a um nível de amor e paz. Nenhum sentimento ruim será capaz de incomodar mais a pessoa. Em dado momento, é até possível rir da situação, dando outro significado para ela, pois não tem mais importância. Isso para alguns leva um tempo e, infelizmente, acontecem casos em que a pessoa fica sem perdoar por toda a sua vida como a história no início deste capítulo de Maria e Carlos.

Cada um passará por esses estágios de forma diferente, e isso depende de como se enfrenta ou se foge da situação. Dizem que é mais fácil perdoar o que o outro nos fez do que perdoarmos a nós mesmos. Aquele sentimento de culpa que atordoa, ao ser eliminado, nos abre o caminho para perdoar quem um dia nos feriu também. Certamente o perdão não mudará o passado, o que já foi, mas poderá tornar o futuro melhor.

Muitos entendem o perdão como religiosidade, em

que apenas os santos ou mártires, os seres mais evoluídos, têm essa capacidade, como algo fora do padrão da "normalidade" de qualquer ser humano mortal. Porém, o perdão é a fonte de grandes transformações e cura na vida de um indivíduo, podendo ser também a sua transcendência, levando-o a ultrapassar limites que jamais pensaria que fosse possível.

Quando descobri que fui traída, passei por um momento de muita dor. Eu realmente saí de mim e, em cinco minutos, sem pensar muito, arrumei todas as suas malas e, subitamente, o expulsei de casa.

Ele saiu envergonhado, desesperado, sem rumo, sem lenço e sem documento. Ficou dentro do carro, em frente à casa por algumas horas, pensando no que fazer e para onde ir. Resolveu ir para um hotel e no dia seguinte tomaria uma decisão sobre o que fazer. Fiquei na solidão de uma casa fria, cheia de lembranças. Eu precisava chorar. Então me sentei no sofá e chorei muito... Chorei por horas até dormir, quando o dia já estava amanhecendo... E esse dia era uma segunda-feira.

Acordei com um cansaço de apenas três horas de sono, olhos inchados causados pelo choro e fui trabalhar, afinal, eu gerenciava um departamento da empresa considerado importante e não podia me dar ao luxo de ficar em casa chorando. Essa decisão foi muito importante para mim, pois não podia ceder espaço para a depressão. Naquele

Despedida de casada

momento, eu agradeci a Deus pelo emprego muito bom que eu tinha e segui em frente.

Durante o dia eu mudava o meu foco, me sentia bem, amava o meu trabalho, estava envolvida com as pessoas, enfim, minha mente estava ocupada. Porém, quando chegava o final de semana ou o encerramento dos dias de trabalho, eu me recolhia na raiva da amante, na tristeza de uma casa vazia e de uma história interrompida. Nesse momento, eu resolvi completar o que me faltava, preencher aquele vazio e comecei a buscar mais ajuda para me desvencilhar daquela tristeza o mais rápido possível. Então, comecei a pesquisar na internet sobre como superar o fim de um relacionamento e um vídeo sobre liberação de energia e perdão chamou minha atenção. Naquele momento, caiu como a salvação de uma vida e foi muito revelador. Entendi que eu precisava honrar o que vivemos e agradecer pelas bênçãos que recebi ao longo do casamento: os filhos, o patrimônio, as viagens, os cuidados recíprocos, etc.

Anos mais tarde, estudando PNL – Programação Neurolinguística, entendi que instintivamente, ao sair da situação de vítima, mudar o meu foco e fazer aquilo que me dava prazer, que fazia eu me sentir bem, ajudou a livrar-me de uma depressão e de ficar por anos no luto pós-término de casamento. Todo esse processo de autodescoberta inicial durou aproximadamente seis meses e isso ajudou a me superar e a trabalhar o perdão que eu precisava dar para liberar a minha vida e dar um novo rumo a ela. Pela falta de perdão, eu simplesmente estava aprisionando minha felicidade, e o que eu sentia só fazia mal para mim mesma. Assim como para muitas mulheres que conheço, que por falta de perdão estão aprisionadas à amargura de alma, no ressentimento e, por isso, desencadearam uma série de doenças psicossomáticas, bloqueando toda a sua vida por conta de um passado mal resolvido. Passam a vida perseguindo o ex-cônjuge, têm raiva da vida e das pessoas felizes. Pararam de praticar o amor e simplesmente a vida não flui.

A falta de perdão mata aos poucos. Como eu já disse, é como tomar um veneno e esperar que o outro morra. Quando perdoamos, superamos, não ficamos presos a uma depressão e muito menos à outra pessoa. É o verdadeiro cortar vínculos sem que isso doa. Sim, eu sei que não é fácil. Afinal, é impossível esquecer o que o outro nos fez. Mas é possível perdoar quando tiramos o foco do problema que o outro nos causou, ou que foi causado por nós, quando ressignificamos a história que nos machucou e, ainda, quando praticamos a empatia, nos colocamos no lugar do outro. Isso não quer dizer que aceitaremos de novo a situação, a pessoa de volta, afinal essa decisão só diz respeito a cada um e aos sentimentos e motivos que essa pessoa teria para fazê-la. Mas quer dizer que aquela lembrança ruim do fato que o magoou não te incomoda mais e não é mais uma lembrança recorrente na sua vida.

Despedida de casada

"Se não perdoas por amor, perdoa por egoísmo, pelo teu próprio bem-estar."
Dalai Lama

É compreendido que todas as doenças, traumas, transtornos originam de como honramos e respeitamos a nossa história e as pessoas que fizeram parte dela. Em se tratando de seres humanos, sabemos que somos falhos, que passaremos por decepções, frustrações, expectativas não alcançadas. Falhamos, fracassamos, somos imperfeitos, assim como outras pessoas igualmente.

E quando falhamos, será que não somos dignos de perdão? Para qualquer coisa na vida, enquanto existirmos, estamos suscetíveis ao erro, e o perdão será um fator determinante para a felicidade e a saúde de qualquer indivíduo. Seja perdoar a si mesmo ou perdoar o outro, caminhando para uma mudança de mentalidade mais transformada e desapegada dos lixos psicológicos que prendem a própria história. Isso é fazer o bem a si mesmo e deixar a vida mais leve e plena para seguir adiante.

Convido você a conhecer a meditação do perdão. Se você ainda sente que não perdoou alguém que te fez algum mal ou seu ex-companheiro, essa é uma excelente oportunidade para praticar o perdão e ser perdoado. Eu pratiquei essa meditação por um período, até me sentir liberta e sem sentimentos de peso, culpa, dores e da ausência de uma pessoa que sempre foi presente. Tenho certeza de que ao fazê-la diariamente, até que se sinta totalmente livre, sua forma de viver será muito melhor. Afinal, o perdão é como uma "arma" que "desarma" as nossas guerras interiores e liberta o prisioneiro que somos nós mesmos.

Praticando a meditação do perdão

1. Vá para um lugar tranquilo, se puder coloque uma música suave e sente-se ou deite-se em um lugar confortável.

2. Respire e inspire algumas vezes. Puxe o ar pelo nariz e solte pela boca. Quando inspirar, inspire autoestima, alegria, amor. Quando expirar, expire tudo que está sendo nocivo a sua vida.

3. Projete uma grande tela mental, como se você estivesse de frente para uma tela de cinema, em que o filme é a sua vida.

4. Entre no filme da sua vida. Imagine você e o seu ex se encontrando, de preferência em um lugar que traga boas lembranças ao casal.

5. Converse normalmente com ele, como se estivesse conversando com o seu melhor amigo. Diga da sua tristeza, da sua decepção pelo rompimento e diga que o perdoa e que honra todos os anos que passaram juntos.

Despedida de casada

6. Reconheça seus erros e também peça perdão a ele. Agradeça pelos momentos bons que vocês viveram. Se tiveram filhos, agradeça pelos filhos, por ele contribuir para você dar à luz a um ser e se tornar mãe. Agradeça inclusive o que não deu certo, pois esses tropeços fizeram vocês crescerem. Honre a história que vocês construíram.

7. Após essa conversa franca, amorosa, dê-lhe um abraço demorado e o libere. Diga para ele "eu sigo meu caminho e você segue o seu". Despeça-se dele e o veja saindo e se afastando de você, depois siga seu caminho. E sempre que a raiva bater a sua porta, diga mentalmente. "Eu honro a nossa história".

O que nos impede de alcançarmos o perdão, na maioria das vezes, é o nosso pensamento negativo. Nesse momento, é importante se colocar no lugar do outro, praticar a empatia e lembrar-se das palavras de afirmação da Psicologia Positiva citadas no primeiro capítulo deste livro.

Liberando as lembranças ruins

Quando as lembranças ruins teimarem em aparecer, diga em voz alta:

1. "_____"
(nome do seu ex-cônjuge), eu agradeço e perdoo

tudo o que aconteceu. Honro tudo que vivemos juntos. Eu sigo meu caminho e você segue o seu.

2. Eu sou merecedora de muito amor, minha consciência escolhe ser feliz, sou fonte de plenitude amorosa com meu companheiro.

3. "_____"

(nome do seu ex-cônjuge), eu peço perdão por não ter sido a esposa que você idealizou. Tenha a certeza de que eu fui a melhor que pude ser durante todos os anos do nosso casamento. Você é especial e merece ser feliz também. Eu te libero para viver a vida que escolheu e te perdoo hoje e para sempre. E você me libera para eu ser feliz e seguir o meu caminho.

Eu sinto muito, me perdoe, eu te amo, sou grata.

Ho'oponopono

Você também pode usar outras orações, como Ho'oponopono e as que você confia em sua fé ou, ainda, criar sua própria oração para encontrar paz, perdoar, aumentar a conexão com você e com sua espiritualidade também. Tudo isso poderá te ajudar a transcender o seu perdão. Lembre-se sempre de iniciar sua oração pela gratidão.

Despedida de casada

É importante que você se comprometa consigo mesma a partir desse momento. Continuar a prática do perdão é importante para que sua vida realmente mude. Esse compromisso te levará a aprender diariamente a perdoar e a saber que, com isso, pessoas maravilhosas e grandes oportunidades chegarão até você.

7º

Solteira, sim!

Infeliz, não!

Hora de aproveitar a própria companhia

Despedida de casada

Até aqui você passou por uma longa trajetória para superar o seu fim de casamento. Imagino que esteja mais em paz consigo mesma, segura e ciente de que, de agora em diante, tem uma nova vida que depende exclusivamente de você e das suas escolhas. É hora de se dar um tempo, arrumar a sua casa interior, decorar cada cômodo com novas cores e móveis, em busca de si para quando estiver pronta encontrar o amor que deseja. Essa nova vida é a sua vida de solteira, que deve ser aproveitada com prazer e como forma de evoluí-la pessoalmente também. É como respirar ar puro depois de passar por uma grande poluição.

Por isso, esse momento de solteira é só seu. É hora da desintoxicação de corpo, alma e espírito, deixando para trás bagagens que até um determinado ponto te levaram a viver momentos maravilhosos, mas que acabaram e você não passará a vida inteira "chorando pelo leite derramado", não é mesmo? Liberte-se do peso dessas bagagens e seja feliz.

Adaptar-se a uma vida de solteira novamente, após um longo tempo de casada, não é tão fácil assim e não viramos essa chave da noite para o dia. Neste capítulo, eu te contarei um pouco sobre a minha experiência na vida de separada. Também irei compartilhar com você sobre o "viver o presente".

"O passado é história, o futuro um mistério
e o presente é uma dádiva."
Provérbio Chinês

Durante as pesquisas para o livro e também na minha vida pós-separação a cobrança pelo "namorado" ainda é recorrente. Como se a vida só fizesse sentido se estivermos em um relacionamento amoroso. Isso está impregnado na cultura, nos filmes de Hollywood e nas novelas. A sociedade nos cobra para namorarmos e depois para nos casarmos, em seguida nos cobra para termos filhos, como se a felicidade inteira da

Despedida de casada

nossa vida estivesse nesses padrões. Mas, muitas vezes, estamos acompanhadas e sentimos uma solidão tremenda porque em nome da "paz mundial no casamento" nos recolhemos à rotina do dia a dia e esquecemos basicamente de viver, apesar de estarmos acompanhadas, dormirmos juntos todos os dias e ter um marido não significa que muitas vezes não nos sentimos sós. Talvez a solidão dentro de um casamento não esteja relacionada necessariamente à falta da companhia do outro, e, sim, à falta da nossa própria companhia. Ao nos acostumarmos com a solidão dentro de um casamento, levamos essa solidão para as nossas vida de solteira. De repente não sabemos muito bem como lidar com isso, pois, anteriormente, você sempre fazia tudo acompanhada, até o que não gostava tanto assim. Portanto, se está nessa fase e está lendo este livro, este capítulo foi escrito para você.

Claro que, dependendo do tempo em que você tenha terminado o seu casamento e esteja sozinha, virão esses momentos de carência, a solidão, aquele dia que a vontade é de "subir pela parede", de calor intenso e aí vem aquela vontade enorme de conhecer outra pessoa especial. Afinal, como diz Caetano Veloso em sua música Sozinho, "É que um carinho às vezes cai bem...", e, claro, sexo também!

É comum algumas mulheres nessa fase de "solteirismo

novamente" nem pensarem em compromisso tão cedo. Querem novas descobertas, curtir um momento, sexo, curtir a vida. Principalmente para aquelas que se casaram com o primeiro homem da sua vida, se relacionaram e fizeram amor. Porém, outras preferem dar um tempo, focar no trabalho, viajar, curtir a vida independentemente de ter um homem outra vez ao lado. O problema não é a solidão e, sim, se sentir sozinha e é aí onde mora o perigo, pois poderá atrair o homem errado.

"O segredo não é correr atrás das borboletas. É cuidar do seu jardim para que elas venham até você."
Mário Quintana

Analisando a frase anterior, refletimos sobre a importância do amor-próprio. De estar bem consigo mesma, não apenas para que o outro venha até você, mas que venha a pessoa certa, afinal, uma mulher poderosa não se preocupa em procurar o homem certo, ela se ocupa em ser a pessoa certa. Simples assim!

A pergunta que eu faço para minhas clientes é a seguinte. Se você fosse um gato, padrão FIFA, aquele homem charmoso, inteligente, independente financeiramente, você namoraria com você? Se a resposta for não, o primeiro passo é cuidar do seu jardim, é se amar. Qual a última vez que você se elogiou pela sua aparência ou pela sua atitude? Qual a última vez que você se presenteou? O que você tem feito por você? Agora, se a resposta foi sim, passe para o próximo parágrafo e curta sua solteirice.

Despedida de casada

O comodismo é algo que não pode acontecer na vida de uma mulher solteira. A vida não pode ser idêntica, previsível e nem rotineira. Estar solteira é uma condição que pode ser passageira, dependendo do tempo que você estiver pronta para viver um verdadeiro amor – primeiro o próprio. A arte de ser solteira é conviver com o inesperado, criar novos relacionamentos sociais e profissionais para começar a aventurar-se com o novo e fazer desse momento o melhor possível em sua vida. Por isso, curta a jornada, aproveite a vida de solteirice. Aprenda a conviver consigo mesma, se apreciar e gostar da sua companhia, afinal, você convive consigo mesma diariamente, vinte e quatro horas por dia.

Faça coisas que te dão prazer, desde uma caminhada no parque apreciando a natureza, um *happy* com as amigas ou uma viagem com elas ou até sozinha. Por que não? O que te alegrava quando era solteira? Ah, Bertu, minhas amigas estão todas casadas e não gosto de sair sozinha. Então esse é o momento #façanovasamizades. Sim! Faça novas amizades e se abra para isso. Permita-se! Eu tenho várias BFF (*Best friends forever*) que conheci em cursos, balada, grupo de corridas, viagens após o meu divórcio.

Quando você está em um relacionamento e quer que dê certo, a tendência é dedicação exclusiva e você acaba não encontrando tempo para si mesma. Então se está solteira, aproveite este tempo da melhor forma possível. Quando você está casada, ou até mesmo namorando, há uma "prestação de contas" por cada passo que você dá, além disso, você não está disponível para ser paquerada. Portanto, aproveite esse momento para se sentir atraente e ser paquerada, conhecer pessoas novas sem aquela sensação de estar traindo o companheiro. Sem contar que ter amigos é muito bom. Por exemplo, quando estava casada, eu achava estranho ser amiga de homens e me sentia "vigiada" pelo meu ex-marido quando algum amigo se aproximava de mim, mesmo eu sabendo que era apenas amizade. Então, hoje me sinto livre para ser amiga de quem eu quiser, sair para onde eu quiser, viajar para onde quiser e quando quiser.

Outra coisa boa que acontece é a reaproximação com a família. Uma das entrevistadas me confidenciou que durante a vida de casada ela tinha que dividir a atenção com o marido, filhos, sogros e que acabou se afastando dos próprios pais sem perceber. Hoje, ela se reaproximou dos pais e dos irmãos e disse que se sente muito feliz com isso. Preste atenção! Você tem falado com sua mãe todos os dias? Qual a última vez que você a visitou? Aproveite esse momento e curta seus familiares.

Posso te dizer que, de verdade, foi na minha vida de solteira que aprendi a amar muito mais a minha própria companhia, a dar mais valor a minha liberdade, aproveitar uma cama de casal que é todinha minha, posso acordar a hora que eu quiser, voltar para casa sem compromisso com horário ou simplesmente não voltar e

Despedida de casada

dormir em outro lugar. Não tenho que dar satisfação do que faço ou deixo de fazer para outra pessoa. Gosto do inesperado, de não ter rotina e de dizer sim quando uma amiga me liga numa sexta-feira perguntando se quero viajar com ela na mesma noite, de conhecer gente nova todos os dias, enfim, de ser a dona da minha vida.

Descubra o que gosta de fazer quando está com você mesma e simplesmente faça. Responda três perguntas simples que vou te fazer agora:

1. O que você mais gostava de fazer antes de se casar?

_____

_____

_____

_____

_____

_____

_____

_____

_____

2. O que você sempre quis fazer, quando estava casada, que não podia fazer sozinha?

3. Qual é o seu *hobby* predileto?

Despedida de casada

Reflita sobre o que te faz feliz, o que é importante para você. Deixo aqui algumas dicas para ser uma solteira feliz e encontrar prazer e evolução nesse momento tão especial. Aproveite a jornada!

> **Sete dicas para ser uma solteira feliz**
>
> **1.** Cuide de você. Pratique esportes, cuide da sua aparência.
> **2.** Permita-se. Experimente coisas novas que lhe façam bem. Tenha um *hobby*.
> **3.** Faça novos amigos. Tenha vida social.
> **4.** Desenvolva-se, autoconheça-se, esteja em paz com sua mente.
> **5.** Viaje – conheça lugares desconhecidos.
> **6.** Reaproxime-se da sua família.
> **7.** Se achar que não consegue sozinha, procure a ajuda de um terapeuta ou de um *coach*.

Se você tem a própria companhia e é capaz de se apaixonar por ela todos os dias, nunca estará sozinha.

Lembre-se de que "separada", "divorciada" ou "solteira" não é só um status, e sim, palavras feitas para descrever uma pessoa forte o bastante para aproveitar a vida sem depender de outro, a não ser dela mesma. Você é uma mulher incrível, aproveite sua "solteirice" de salto alto, linda e com a certeza do que quer atrair para a sua vida de agora em diante.

8°

Bateu carência, e agora?

Momento para novas oportunidades em sites de relacionamentos

Despedida de casada

Em algum momento na nossa vida de solteira é comum bater a carência e acharmos que já é hora de conhecer alguém especial. Hoje a tecnologia pode se tornar uma grande aliada quando o assunto é a busca por novas oportunidades. Por meio dela, é possível nos aproximarmos de pessoas de qualquer lugar do mundo e até muito próximas a nós que nem sequer imaginávamos encontrar um dia. Atualmente os aplicativos de relacionamentos se tornaram o cupido de que tanto precisamos para esse momento de solteira. Algumas pessoas buscam para se divertir, passar tempo, conhecer novas pessoas, curtir algumas viagens juntos ou simplesmente ter uma companhia para jantar, ir ao teatro e até mesmo para fazer "amizades coloridas".

Normalmente, quando um relacionamento acaba leva junto as amizades. Pois as amigas e amigos são amigos do casal. Quando as mulheres ficam solteiras, de certa forma, passam para a situação de "concorrentes" em relação às outras mulheres e isso gera insegurança tanto para o homem quanto para a mulher. Nesse momento vemos que estamos sozinhas. Eu estava passando por essa situação quando uma amiga minha me disse para entrar em um aplicativo de relacionamento. Ela me disse: "Lá você encontrará homens que terão o mesmo objetivo que você e quem sabe você encontre sua cara-metade?" E lá fui eu sem conhecimento nenhum sobre o assunto para os sites de relacionamento. Fiz o cadastro em vários sites, naquele momento, esperava encontrar o grande amor. E por isso, resolvi abordar este assunto contando alguns *crushes* que deram certo, os cuidados que deveremos ter para não nos tornarmos vítimas de *fake*, ou seja, perfil falso, nesses momentos de fragilidade emocional ou ainda homens inescrupulosos que procuram apenas um sexo fácil.

Para quem ainda não conhece, os sites / *apps* de relacionamento são o que podemos nomear de "paquera virtual". Onde as pessoas se inscrevem, colocam fotos, alguns colocam a descrição da pessoa, as preferências, o que gostam e não gostam, como, por exemplo, se você é fumante não clique no coração, ou clique no x. Alguns sites/aplicativos funcionam como uma "prateleira" ou um "*book*" em que você escolhe a pessoa de acordo com

Despedida de casada

as preferências que você cadastrou. Outros aparecem para você curtir ou não, e conforme você vai curtindo, vão aparecendo outros "candidatos". E tem ainda o aplicativo que o *crush* (alguém que você tem interesse) só acontece se você cruzar com ele na rua. Então, se você curtir o perfil dele e ele também curtir o seu, o sistema libera uma área para vocês trocarem mensagens. Se por um acaso a conversa não for a que você esperava ou se você não gostar do papo, é possível se desvencilhar da pessoa que está conversando muito rápido, ou seja, basta cancelar o *like* e desfazer o *crush*.

A minha primeira aventura no site foi paga. Isso mesmo, paga. Como eu era nova no aplicativo, fiz tudo como manda o figurino, eu me apresentei, coloquei várias fotos, disse o que eu procurava lá etc. Na esperança de encontrar a minha alma gêmea. Na época eu não sabia, mas na versão paga o seu perfil só aparece para quem você curtir. E poderia ter utilizado isso a meu favor e evitado alguns contratempos.

Assim que eu me inscrevi no *Tinder* e ainda sem experiência em *apps* de relacionamentos, conheci um homem casado. Confesso que não me interessei muito por ele por ser casado e ir contra meus valores pessoais. Só que eu não sabia "descombinar", desfazer o "*like*" e esse homem me enviava mensagens todos os dias. Então, resolvemos almoçar juntos um dia e foi aí que o "bicho pegou". Eu sempre acreditei que só deveria ir para a cama com um homem se houvesse amor. E confesso que foi a partir desse encontro que compreendi a diferença entre amor e sexo e consegui entender e perdoar meu ex-marido por suas traições. Ele sabia diferenciar as duas coisas. Eu encontrei com esse homem três vezes, em lugares e cidades diferentes. A primeira vez foi intencional, as duas outras por pura coincidência, ou tentação, quem sabe! E todos os nossos encontros foram muito intensos, uma química louca, acendeu faísca e não nos apaixonamos. Era só sexo mesmo, coisa de pele e algo muito diferente do que eu vivi com meu ex-marido. Esse encontro foi uma quebra de paradigmas em todos os sentidos para mim, principalmente de saber diferenciar amor e sexo, paixão e química e de fazer escolhas entre continuar ou parar por ali mesmo. Então, embora tenham sido muito boas todas as vezes que nos encontramos, eu optei por não encontrá-lo mais. Bloqueei o contato e não quis mais ter contato com ele.

Logo depois encontrei o Gustavo no *happn*. Esse aplicativo é diferente porque você só se conecta com a outra pessoa se passar por ela na rua. Por exemplo, você está com o aplicativo ativo na sua casa. O seu *crush* passa em frente a sua casa com o aplicativo ativo também e o sistema mostra para vocês um ao outro, e se ambos se curtirem, abre para a conversa entre os dois. E foi assim que conheci o Gustavo. Ele trabalhava como gerente de projetos em uma grande indústria e estava terminando

Despedida de casada

um casamento porque também havia sido traído. Ele tinha a mesma idade que eu, o nível financeiro, intelectual, um querido. Lembro que perguntei a ele se ele era casado e ele respondeu: "Posso te ligar?". A nossa primeira ligação demorou mais de uma hora. Ali mesmo já marcamos o primeiro encontro e depois outro e outro. Com algumas semanas, já estávamos programando uma viagem juntos. Enfim, foram dois meses intensos. Cheguei a pensar que ele era o grande amor da minha vida. Mas não deu certo porque tanto eu quanto ele não estávamos prontos para amar novamente. Naquela época, ainda não tinha caído a minha ficha sobre primeiro me amar e depois amar o outro e o que eu sentia era pura carência, apenas isso. Isso acontece e é mais comum do que imaginamos. Em alguns casos dará certo e em outros não, tudo depende do momento, da energia, da entrega e de sabermos de fato se estamos preparados para que um novo amor chegue e permaneça. Tenho dois amigos, por exemplo, que se conheceram no *Tinder* e estão juntos há anos, se adoram, se curtem e estão noivos se preparando para casar. Já tenho outros amigos que se conheceram, namoraram, mas não deu certo. Assim como no mundo real, onde as pessoas se conhecem, se curtem, iniciam um relacionamento e muitas vezes não dá certo, na tecnologia não é diferente, pois ela é apenas mais um recurso que pode ser utilizado a favor das conexões virtuais e físicas também.

Como na vida real, no mundo virtual também é preciso estar atento a pessoas inescrupulosas e que não buscam no aplicativo o mesmo que você. Nas minhas aventuras por estes aplicativos, passei por várias decepções, apesar de me considerar uma mulher inteligente. Volto a lembrar, no momento de carência a nossa inteligência se encolhe e a emoção fala mais que a razão. Mas como evitar armadilhas, se proteger de perfis falsos tanto em sites de relacionamentos quanto em redes sociais e evitar dor de cabeça, mais desilusão e frustrações? Separei alguns cuidados para você se prevenir caso esteja a fim de conhecer alguém especial por esses meios.

Como pesquisar fotografias e saber se é um fake ou não

A primeira coisa é descobrir se aquela foto e as informações que estão ali são da pessoa que está falando com você. Uma tática comum de perfis *fakes* é copiar a identidade de outra pessoa e, assim, reproduzir atualizações dela, inclusive fotos, para ajudar a manter a farsa. Assim, caso desconfie, utilize ferramentas de pesquisa de imagem no *Google* para garantir que as fotos são únicas e não estão sendo usadas em outras contas. Mas como fazer isso? Segue a seguir o passo a passo para você checar essas imagens.

Despedida de casada

1. Vá no perfil que você quer pesquisar;

2. Clique na foto com o botão direito do mouse e vá em copiar o endereço da imagem;

3. Abra outra aba da internet no endereço *Google* imagens e clique na câmera que aparece do lado. Nesse momento vai abrir um campo para você colar aquele link. Você cola o link e clica em pesquisar. Aparecerá para você a informação se a foto for falsa ou não.

Como se prevenir de perfis perfeitos demais

Nossa! Esse é "Tudo de bom", "Ôh lá em casa!!!" #SQN. É perfeito demais para ser verdade? Desconfie dos perfis com o padrão perfeito. Lindo, bom emprego, hábitos refinados e solitário. Como dizia uma amiga minha. Laranja madura na beira da estrada ou tá azeda ou tá "bichada". Eu sempre fui muito desconfiada e certa vez conheci "um italiano" lindo em um aplicativo de relacionamento, e ele começou a me bombardear com mensagens apaixonadas. Comecei a "dar conversa" como se eu estivesse deslumbrada e não demorou para que descobrisse que estava diante de um *fake*.

Você deve estar se perguntando. O que um *fake* pode fazer para me prejudicar? Muita coisa. Primeiro ele conquista sua confiança, depois ele utiliza suas informações e as mensagens que trocaram (talvez até "*nudes*") para te chantagear. Tomei conhecimento de um caso em que a mulher enviava "*nudes*" para o namorado virtual que morava no exterior. Com o tempo, ele adquiriu tanta confiança que até a senha do *Facebook* dela ele tinha. Ele disse para ela que havia chegado a São Paulo e havia sido roubado e pediu para ela mandar dinheiro para que ele pudesse chegar na cidade dela. Nesse momento, ao verificar a conta que ele pediu que o dinheiro fosse encaminhado caiu a ficha dela e ela não enviou a quantia solicitada. A partir daí começou a chantagem, e só concluindo este caso. Ele trocou a senha dela do *Facebook* e postou todas as fotos de "*nudes*" que ela havia enviado como se fosse ela própria. Foi muito constrangedor para ela, vendo as fotos dela publicadas em um ambiente onde os filhos dela estavam, os amigos, colegas de trabalho, familiares etc. Então, é melhor prevenir do que remediar. Não confie numa pessoa a tal ponto de compartilhar sua intimidade via rede de computadores. Isso pode te trazer muitos transtornos futuros.

Dados disponíveis

Cruze os dados disponíveis. Exemplo: já encontrei perfil de pessoas que diziam estar em outros países e a distância no *app* mostrava trinta quilômetros. Verifique se possui amigos em comum no *Facebook* ou outra rede social. Outra forma de cruzar os dados é entrar em contato

Despedida de casada

com os amigos em comum e checar as informações. Na cara dura mesmo. Você conhece tal pessoa? Quem ela é? O que faz? Se no perfil não tiver muitas informações como idade, profissão etc., faça uma mesma pergunta para a pessoa em datas diferentes, ou momentos diferentes; se for falso, ela vai entrar em contradição. É muito importante que você confirme as informações passadas pelo pretenso namorado. Quem são os familiares, amigos, trabalho etc. Desconfie daqueles que se dizem "sou sozinho no mundo". Esse cuidado inicial pode inclusive salvar sua vida. Durante a pesquisa para o livro vi várias notícias de crimes de mulheres que foram assassinadas pelos namorados virtuais. Por isso, proteja-se, todo cuidado é pouco.

Formas de se comunicar

Peça o perfil do *Facebook* e pesquise o que as pessoas comentam nas fotos do perfil dele. Com quem ele se comunica. Quantas curtidas geralmente as fotos alcançam etc. Agora, se a pessoa falar que não tem *Facebook* desconfie mais ainda. Se achar que está sendo enganada, desfaça a amizade e, se for o caso, denuncie ao aplicativo.

Certa vez, comecei a conversar com um bonitão e o papo ficou bom. Ele queria me encontrar e eu perguntei: "Você tem perfil no *Facebook*?" Ele disse: "Tenho. Mas lá sou casado. Prefiro o *Tinder*. (risos). E claro, nem preciso te dizer o resto da conversa, né, amiga!? Não rolou. A conversa acabou por ali mesmo.

Marque o primeiro encontro em locais públicos

É importante que o primeiro encontro seja em um local movimentado, ou seja, público. Você pode combinar com o seu pretendente de se encontrarem em um bar, mas antes avise a um casal de amigos e peça a eles que te encontrem no bar no mesmo horário. Combine um sinal com eles e, se precisar, seus amigos "chegarão até a mesa" para te cumprimentar.

Outra forma é mandar uma mensagem de socorro em código para alguma amiga, também previamente combinado. Assim que ela receber a mensagem, pode entrar em ação. Uma vez, depois de muito conversar pelo aplicativo e *WhatsApp*, resolvi conhecer pessoalmente o *crush*. Marcamos em um bar bem movimentado. Eu cheguei e ele já estava lá. Não me lembro se me convidou para sentar, mas me lembro que ele estava bebendo uma cerveja e não me ofereceu nada. Conforme a conversa fluía mais, eu me perguntava o que estava fazendo ali. O golpe fatal veio quando ele disse a seguinte frase: "...porque eu tomo rivotril". Imagine a cena, amiga! Eu abri os olhos, disfarcei o meu susto e perguntei de volta: "Você toma rivotril?" (O rivotril é o clonazepam, um tranquilizante do grupo dos benzodiazepínicos. Rivotril é eficaz para o controle da fobia social, do distúrbio do pânico, das formas

Despedida de casada

de ansiedade generalizadas e para ajudar a controlar os sintomas de ansiedade normais decorrentes de situações extremas da vida). Neste instante, disfarçadamente, eu peguei meu celular e mandei um SOS para minha amiga. Após alguns segundos, ela me liga. "Amiga, onde você está? Preciso de você... blá, blá, blá." Eu disse para ele: "Preciso ir para atender minha amiga". Ele se propôs a ir junto e eu disse que não precisava, porque ela não ia se sentir bem. Saindo dali exclui amizade nas redes sociais, bloqueei no *WhatsApp* e nunca mais ouvi falar dele.

Cuidado com os "apaixonados virtuais" em suas redes sociais

Nas redes sociais devem-se ter os mesmos cuidados, pois do nada podem aparecer homens que se dizem apaixonados por você com a intenção de extorqui-la. Enviam mensagens *inbox* e puxam conversa do nada se dizendo apaixonados. Em uma matéria do Jornal Diário do Nordeste (Verdes Mares), houve um caso de uma denunciante à Delegacia de Defraudações e Falsificações (DDF) da Polícia Civil que não se inscreveu em nenhum site de relacionamento, mas o estelionatário conseguiu seus contatos *on-line* e começou uma conversa apaixonada. Porém, ela desconfiou quando o homem lhe disse que precisava de dinheiro, como ela não depositou nada para ele, rapidamente os contatos foram encerrados. Como assim? O relacionamento nem começou, o cara já está apaixonado e pede dinheiro? Foi muito importante a percepção que essa mulher teve ao se fazer esses questionamentos e, claro, ela o denunciou à polícia. O cara era um estelionatário especializado em conquistas virtuais. E olha, minha amiga, tem muita mulher que cai nessa conversa.

"Não me falta homem, o que me falta é amor."
Marilyn Monroe

Todo cuidado é pouco quando se trata de conhecer novas pessoas. Se no mundo real já corremos o risco de nos decepcionar, imagine no virtual, em que as possibilidades são gigantescas, onde todos querem parecer perfeitos e bem resolvidos. Portanto, é apenas conhecendo de perto que se tira a prova. Segure a carência se ela vier, seja racional, não haja pelo impulso e nem pelas emoções. Acima de tudo, se ame e evite enrascadas! Lembre-se, você já foi casada e seu casamento chegou ao fim. Isso já foi um grande motivo para você aprender um pouco em matéria de relacionamentos, ou seja, o que não dá certo, jamais

Despedida de casada

você quer que se repita na sua vida. Não é que os homens sejam todos iguais, na maioria das vezes, as mulheres é que estabelecem o mesmo padrão mental de quem buscam para si, por carência, por tesão, medo de ficarem sozinhas ou por falta de amor-próprio. Saiba quem você é, o que quer e quem deseja na sua vida e assim ficará mais fácil atrair uma pessoa que realmente valha a pena estar ao seu lado.

9°

Pronta para amar novamente!

Cabeça nas nuvens,
frio na barriga
e pés no chão!

Despedida de casada

Algumas pessoas dizem que um "amor só se cura com outro amor". Eu já pensei assim também em algum momento da minha "solteirice". Hoje eu já penso que o amor-próprio é que nos cura de toda decepção que um relacionamento possa trazer. Até porque, quem se ama não se decepciona tão facilmente por aquilo que não vale a pena ficar. Quem se ama de verdade sabe que é melhor ficar sozinha do que mal acompanhada. Mas, claro, é muito melhor estarmos com alguém que reforça o nosso amor-próprio, que nos valoriza, que nos faz sentirmos únicas e que seja mais do que uma boa companhia, seja simplesmente o homem que vale a pena ficar ao nosso lado.

Eu ouço muitas mulheres dizendo: "Quero um homem que me faça feliz!" Quando escuto isso te confesso que fico preocupada. Quanta responsabilidade a pessoa tem para atender essa expectativa de fazer a outra ser feliz. Não! Não é por aí! Seja responsável por sua felicidade e ponto! E quem fizer parte da sua vida deverá somar a essa felicidade, deve transbordá-la.

Uma história de amor requer um certo tempo para ser construída. Ela não cresce sem que a reguemos dia após dia. Primeiro essa história de amor tem que ser com a gente mesmo e depois com o outro. E isso, acredito eu, que é estar pronto para amar novamente. Pelo menos para mim funcionou assim quando eu resolvi me abrir para novas oportunidades. Descobri que as histórias que dão certo são aquelas vividas com paciência, com leveza de espírito e de peito aberto e te confesso que não é qualquer pessoa que consegue quebrar as nossas defesas depois de uma decepção amorosa ou de um rompimento como o divórcio traz. Quem for capaz de remover essas defesas e trazer mais felicidade para a nossa vida é quem verdadeiramente merece ficar ao nosso lado. Amor não é só um sentimento bom, é persistência!

Antes de você sair procurando por novas oportunidades, também é importante saber a diferença

Despedida de casada

entre "apego" e "amor", pois o apego é o que muitas vezes nos faz permanecer em relações falidas. Apegar-se a alguém é ter medo de ficar sozinho e se contentar com apenas um ou dois itens preenchidos da lista mágica. Gostamos da companhia do outro, apreciamos o que a pessoa faz de bom pra a gente, gostamos da sua companhia para tudo que fazemos, quer seja um cinema ou uma viagem, um trabalho ou até mesmo nos momentos decisivos da nossa vida. Porém, nem sempre existe a reciprocidade de amor ou paixão, aquele frio na barriga, o que existe é apenas a boa companhia e ela faz falta quando a pessoa não está por perto. É claro, que o apego dentro do amor é necessário para que a relação funcione. Ele dá a ligação, é o cuidado que devemos ter todos os dias. Assim como uma planta se você não a regar, colocar no local apropriado para receber luz, com o tempo ela vai secar. Mas sozinho, ou seja, sem amor é apenas afeição, estima, dedicação obstinada, de acordo com o dicionário Aulete digital. E apenas isso não sustenta um relacionamento amoroso.

O Dr. Phillip Shaver e a Dra. Cindy Hazan, em sua pesquisa, descobriram que cerca de 60% das pessoas têm uma ligação segura, isso quer dizer um apego positivo, enquanto 20% têm um apego de esquiva e 20% tem apego ansioso. Esses tipos de apegos são:

Apego seguro – a pessoa que tem esse tipo de apego se sente segura em seus relacionamentos. Isso é proveniente de uma infância segura e amorosa. Adultos seguros demonstram mais apoio aos seus parceiros, ajudando um ao outro. Normalmente as relações são baseadas em amor e confiança, segurança. Esse tipo de apego fortalece o amor verdadeiro, pois é empático e afetuoso e vivem o desejo apoiador de si mesmos e para com o outro.

Apego ansioso – a pessoa que tem esse tipo de apego tende a se desesperar para formar uma ligação fantasiosa. Esse tipo de apego é o oposto do apego seguro. No apego ansioso, a pessoa confunde o amor verdadeiro com fome emocional. Ela busca uma sensação de segurança, proteção e resgate e age de forma que distancia o parceiro. Você já passou por alguma situação onde se sentiu sufocada pelo relacionamento? Cuidado. O oposto também é verdadeiro. Cuidado para não praticar o apego ansioso, pois a chance de afastar o pretendente é muito grande.

Apego desdenhoso e de esquiva – a pessoa que tem esse tipo de apego age com desprezo a outra pessoa. Ela tende a afastar seus parceiros emocionalmente e, normalmente, prefere uma vida mais alternada, sem compromisso e que a leva a afastar-se de um relacionamento. É o famoso "ficante". Só quer ficar, não quer compromisso sério.

Apego temeroso e de esquiva – a pessoa que tem esse tipo de apego é quase "bipolar", pois vive num estado de ambivalência (sentimentos opostos). Ela tem medo

Despedida de casada

de ficar muito próxima do seu parceiro e assumir um relacionamento e sempre inventa desculpas para não ficar junto de seu companheiro, mesmo que no fundo queira muito. Pelo medo de ser rejeitada, rejeita primeiro. Conheço pessoas com este tipo de apego.

Estar pronta para amar novamente significa saber o que quer e quem quer para estar ao seu lado com um tipo de apego que seja saudável, seguro e ter a capacidade de dar e receber, de forma inteira e autêntica. Do contrário, o apego só é uma ligação e uma necessidade de completar um vazio, uma codependência ou até mesmo de suprir uma dependência emocional.

O amor vai além do apego. Quando ele vem, traz na bagagem a segurança de que precisamos, o conforto de uma relação confiável e não aquela que gera dúvidas e instabilidade. A paixão está na euforia, no desejo, no gostar realmente de estar com o outro, no frio da barriga, do esperar para ver logo, do contar as horas para encontrar o outro e do querer ficar cada vez mais perto. Do contrário, é só um apego temeroso, ou seja, medo de ficar sozinho ou de ser rejeitado.

Conheço mulheres que por carência entram em relações de apego e quando não dão certo, ficam tentando justificar o término, tentam consertar o que não tem conserto, se culpam pelo término, acham que fizeram pouco por seus relacionamentos. E o pior, imploram para o outro ficar mesmo sem amor. Eu acredito que com você possa ser diferente.

Estar pronta para amar novamente é desapegar-se do medo da solidão e se sentir de fato segura para atrair a pessoa certa para você. É gostar da própria companhia. Entender a diferença entre se apegar e de amar e ser amada verdadeiramente exige treino e nem sempre acontece de um dia para o outro, como gostaríamos. O que eu posso te dizer é que você tem um valor inestimável e deve atrair pessoas que te mereçam. Quando eu descobri o meu valor, o que quero e o que não quero, não caio mais em qualquer conversa. Se você estiver muito bem sozinha, por que vai trocar isso para ficar mal acompanhada? Isso faz sentido para você? E acredite, quem você quer, quer você, mas você precisa saber quem é essa pessoa. Quando digo saber quem você quer, não estou dizendo saber seu nome, endereço, telefone, não, não é nada disso, mas saber suas características, valores que são importantes para você, caráter, o que gosta e não gosta numa pessoa e o que seria capaz de suportar por amor – ou até mesmo de não suportar mais. Vejam um exemplo. Você odeia bebida, talvez essa aversão à bebida venha de traumas da infância. Você então encontra o homem perfeito. Seu número. No entanto, possui só um defeito, tem o vício da bebida. Você acha que este relacionamento daria certo?

Despedida de casada

Na música "Segredos", do Frejat, ele romantiza o tipo de amor que procura. De uma forma poética, ele expressa o seu desejo por algumas características que lhes são importantes:

Eu procuro um amor que ainda não encontrei
Diferente de todos que amei
Nos seus olhos quero descobrir uma razão para viver
E as feridas dessa vida eu quero esquecer
Pode ser que eu a encontre numa fila de cinema
Numa esquina ou numa mesa de bar
Procuro um amor que seja bom pra mim
Vou procurar, eu vou até o fim
E eu vou tratá-la bem
Pra que ela não tenha medo
Quando começar a conhecer os meus segredos
Eu procuro um amor, uma razão para viver
E as feridas dessa vida eu quero esquecer
Pode ser que eu gagueje sem saber o que falar
Mas eu disfarço e não saio sem ela de lá
Procuro um amor que seja bom pra mim
Vou procurar, eu vou até o fim
E eu vou tratá-la bem
Pra que ela não tenha medo
Quando começar a conhecer os meus segredos
Procuro um amor

Que seja bom pra mim
Vou procurar, eu vou até o fim
Eu procuro um amor
Que seja bom pra mim
Vou procurar, eu vou até o fim.

Letra de Segredos © Warner/Chappell Music, Inc.

E você, que tipo de amor está buscando? Quando olha para esse homem imaginário, quem você vê? Não vale descrever aqui o seu ex! Lembre-se, você já foi curada disso. Se você descreveu seu ex, volte para o primeiro capítulo do livro e se você sentir no seu coração que ele é o grande amor da sua vida e que tem chances de reconquistá-lo, utilize as dicas que estão lá e reacenda o amor. Mas só faça isso se tiver muita certeza, pois figurinha repetida não completa álbum.

Quase finalizando quero fazer contigo um exercício rápido e muito simples. Ele tem base na PNL (Programação Neurolinguística) e na lei da atração. Quando eu aprendi esse exercício comecei a atrair quem eu queria, e aqueles que não queria ficou muito mais fácil de evitar um envolvimento. E o melhor, parei de criar expectativas e tentar encaixar alguém que não me serve só para não ficar sozinha. É como um sapato apertado. Se o sapato machuca, você vai jogar o seu pé fora? Claro que não! Você troca de sapatos, não é mesmo? No amor

Despedida de casada

é a mesma coisa. Se não te serve, mude, troque, mas não continue, pois você poderá se machucar.

Agora, segura de si, escolha um lugar onde você pode praticar esse exercício tranquilamente. Esse momento é só seu e de mais ninguém. Visualize-se, olhe-se, veja a mulher que você é. Se preciso, vá para a frente de um espelho e pratique as afirmações positivas: eu me amo! Eu me respeito! Eu me honro! Eu mereço ser feliz! Eu sou uma mulher maravilhosa! Eu sou única!

Ótimo. Agora você precisa descrever o homem que você quer ao seu lado. Prepare-se e faça sua lista mágica:

QUEM EU QUERO É...

Minha lista mágica

1. Pegue uma caneta e papel ou o bloco de notas do seu celular e escreva todas as características do homem da sua vida, nos mínimos detalhes: (altura detalhada, não vale alto ou baixo, magro ou gordo... precisa especificar: 1.80 m, 83 a 90 Kg, branco, asiático, negro etc.). Também vale escrever o estado civil da pessoa, se pode ser com filhos ou sem filhos, situação financeira e emocional, se é estrangeiro ou brasileiro, como esse cara se relaciona com seus pais (isso é muito importante também), se o cara é viril (isso faz uma diferença grande, amiga), se precisa ser carinhoso, companheiro, amigo, de bom relacionamento social, bem resolvido, fiel, inteligente, enfim... faça a sua lista nos mínimos detalhes... Só não há necessidade de colocar nome de pessoas que você conhece. Deixe livre. Basta que coloque as principais características bem detalhadas.

2. Depois que fizer a sua lista sem modéstia, feche os olhos e imagine essa pessoa chegando até você. Pode ser que nesse momento apareçam vários homens com a mesma característica. Nesse momento não importa. É até bom porque você pode escolher o melhor dentre eles.

3. Imagine-se encontrando com essa pessoa, como vocês estão vestidos, para onde estão indo, como estão indo (a pé, de carro, de mãos dadas...), o que você está sentindo nesse momento, o que dizem um para o outro, como está o semblante de vocês, existe troca de carinho? É importante que você sinta a emoção. Pois o que você pensa, você sente, você cria.

4. Agora, volte para a sua realidade. Consegue enxergar essa pessoa ao seu lado mesmo que ela ainda não esteja com você? Como se sente?

5. Essa lista que você fez deve ser lida e declarada todos os dias. Mande para o universo o seu pedido e, o mais importante, acredite, tenha fé. Pratique a sua crença. Inclua em suas orações ou peça ao Universo ou à entidade em que você acredita.

6. Ao conhecer alguém, vá até a sua lista e cheque se essa pessoa preenche essas características. Se não preencher,

Despedida de casada

deixe o próximo da fila passar pelo mesmo teste até que você encontre de fato o que preenche todos os requisitos que são importantes para você.

Essa é uma lista importante para nortear o seu inconsciente a atrair a pessoa certa e evitar a errada por pura carência ou apego desnecessário. Outro ponto importante é que você precisa saber onde encontrar esse amor. Será que pode ser na fila do cinema, na esquina ou numa mesa de bar, assim como diz na letra da música "Segredos", do Frejat? Nos sites de relacionamento ou no local de trabalho?

Se você é do tipo de pessoa que passa o dia trabalhando e todas as noites e finais de semana fica só em casa, talvez as oportunidades de iniciar um novo relacionamento se tornem meio restritas. Pode até ser que você encontre alguém no seu trabalho ou na sua vizinhança, mas o que acha de expandir um pouco mais as possibilidades?

Quero dividir com você agora alguns locais e atividades que funcionam como caminhos para encontrar um novo amor. O seu amor pode chegar a qualquer hora do dia e em lugares que você menos imagina. O que você precisa é apenas ligar o seu "radar" e se lembrar da sua lista mágica. Lembre-se do que te faz feliz. Se você gosta de correr por exemplo, ative o seu radar quando estiver correndo, assim como no seu trabalho ou nas viagens.

O importante é você perceber ao seu redor se está sendo paquerada ou não e se aquela paquera te interessa.

Marina é uma moça de trinta e cinco anos que já está divorciada há dois e totalmente pronta para assumir um novo relacionamento. Durante o período em que esteve sozinha, aproveitou para fazer tudo aquilo que não podia fazer dentro do casamento. Viajou por vários países, fez novas amizades, voltou a praticar esportes, estudou e até mudou de emprego. Marina não queria ainda um novo relacionamento, embora tivessem aparecido alguns candidatos. Acontece que Marina, mesmo fazendo tudo isso após o seu divórcio, por alguns meses começou a ficar muito em casa, quando chegava do trabalho. Ela se conectava às redes sociais ou ficava assistindo televisão na companhia dos pais. Marina não teve filhos. Conversando com algumas amigas, Marina percebeu que já estava pronta para amar outra vez e, recentemente, ela resolveu abrir oportunidades para encontrar um novo amor e resolveu tomar algumas iniciativas que mudariam sua vida social e sentimental. Ela se matriculou numa escola de dança, voltou para a academia, passou a participar de grupos de corrida e se matriculou em um curso de espanhol cujas aulas eram ministradas duas vezes por semana, fez um grupo de amigas para fazer um *happy hour* uma vez por mês, passou a viajar aos finais de semana ao menos duas vezes por mês e a aceitar convites para eventos sociais.

Despedida de casada

Marina também fez um corte novo no cabelo, comprou roupas e sapatos novos. Com essa mudança de estilo de vida, Marina começou a conhecer vários homens interessantes que tinham as características da sua lista mágica. E num belo dia no seu grupo de corridas, Marina conheceu Sérgio, se apaixonaram e começaram a namorar. Se Marina tivesse continuado em casa ela teria chances de encontrar o Sérgio? Talvez nas redes sociais. Talvez não fosse o Sérgio. Talvez demorasse mais um pouco até que ela descobrisse se o pretendente teria todas as características que ela queria em um homem, não é mesmo? Além disso, as possibilidades seriam bem menores do que as que Marina possui ao conviver socialmente em lugares que têm tudo a ver com seu estilo de vida.

Essa história mostra que o local onde uma pessoa frequenta e seu estilo de vida são fortes indicadores do grau de sucesso de encontrar uma pessoa para iniciar um relacionamento amoroso. A sua cidade tem quantos mil habitantes? Quantos desses habitantes são homens? Quantos desses homens são solteiros? Quantos desses homens solteiros estão dentro do padrão da sua lista mágica? Qual é o estilo de vida desses homens? Que locais esses homens frequentam? Será que são os mesmos lugares que você frequenta? Difícil saber essas respostas, então minhas dicas de locais para você são lugares diferentes de ficar em casa. Se você quer algo sério com alguém, não fique de mesa em mesa e nem de bar em bar... Claro que pode até acontecer um grande amor em um show, num barzinho, numa balada, mas, amiga, será que vai para a frente e está dentro das características do homem que você procura para a sua vida? Se estiver, ótimo! Se deu *match* e foi para a frente, ótimo! Mas para um relacionamento dar certo com alguém de balada, vocês tem que querer a mesma coisa e, mais uma vez, esse homem tem que fazer parte da sua lista e do que você quer. E claro, se você sentir que ele é o amor da sua vida e ele também sentir o mesmo, isso é o que importa.

Eu tenho uma amiga que não curte muito balada, mas um belo dia ela estava com dor de cotovelo e resolveu aceitar o convite de outra amiga. Ao chegar na balada toda linda e produzida, viu que naquele lugar todo mundo ia para dançar sertanejo universitário e parecia um show de dança. Só tinha casal de academia de dança dando show. Ela se sentiu excluída, pois dançava, mas não era daquele jeito. Ela quis ir embora, mas não teve jeito. Ela não levou a chave de casa e a chave estava com a amiga, no carro do carona. Se ela fosse embora, a amiga ficaria na rua. Então, ela resolveu ficar na balada. E pensou, o que posso fazer para me divertir também, já que não danço tanto como esses casais? Ela toda linda, não seria difícil encontrar alguém. Então, ela olhou o homem mais alto, mais bonito

Despedida de casada

daquele lugar, o homem aparentemente mais cobiçado pelas mulheres porque era o cara que dava show em dança naquele lugar. Enfim, não deu outra. Se conectaram nos olhares e depois se conectaram naquela balada. O cara lhe roubou um beijo, começou a dançar com ela de forma mais simples, porém, ensinando-a os passos mais básicos para não passar vergonha... E assim foi, ficaram juntos até quatro horas da manhã. Ela não estava a fim do cara. Trocaram telefone, *Facebook*, ele até tentou contato novamente, mas a vida do cara era todo final de semana (de quinta a domingo) ir para a balada dançar... totalmente diferente dela. Claro! Parou por ali mesmo. Foi ótima a companhia para aquele momento e não passou disso. A decisão que ela tomou foi apenas precaução. Porque as pessoas podem tentar se adequar a outra durante o período da paixão ou do desejo, no entanto, essa diferença de valores ou de preferências observadas com o passar dos anos será cada vez mais sentida e acentuada, que provocará desavenças no casal ou frustração por parte de um dos dois que seus valores não serão respeitados.

Não se preocupe em procurar uma pessoa certa, simplesmente seja a pessoa certa no lugar certo e o que você quer será atraído para você – é como um ímã. O Universo, Deus ou no que você acredita conspirará a seu favor. O importante é que você continue plena e pronta para fazer as melhores escolhas para a sua vida a partir de agora e não cometa os mesmos erros do passado.

Eu não me casei novamente, e isso ainda não me faz falta. Estou na fase de novas descobertas, de conhecer pretendentes e de ver se a pessoa se encaixa naquilo que quero. Estou numa época ótima e a pessoa que vier, com certeza, é para somar a tudo isso.

"Qualquer coisa que mereça ser possuída,
merece ser esperada."
Marilyn Monroe

Seguindo em frente...

Gratidão

Despedida de casada

Neste livro, eu dividi um pouco da minha história com você e a de tantas mulheres especiais que passaram por minha vida e me inspiraram a inspirar outras mulheres. Estou neste momento com a sensação de gratidão e propósito cumprido por isso. Cumprindo a minha missão que é "Ser feliz. Contribuir para o crescimento do próximo com responsabilidade e excelência".

Algumas das mulheres divorciadas que conheci e que foram personagens deste livro deram a volta por cima, outras estão recomeçando o seu caminho e ainda existem aquelas que estão num processo de cura e autoconhecimento. Isso é normal e cada uma tem o seu próprio tempo.

Espero que este livro tenha sido mais que uma bússola capaz de te guiar na sua fase de separação, mas que ele possa ter trazido para você novos aprendizados e outras formas de encarar a vida, de fazer você se sentir única e plena ao compreender que podem te abandonar, podem não te querer mais, mas a única coisa que não pode te faltar é o seu amor-próprio... É você quem não pode se abandonar jamais!

Há quatro Leis Espirituais ensinadas na Índia de que gosto muito. Eu as adaptei para este livro e quero compartilhar com você nesse momento.

A primeira lei diz: "A pessoa que vem é a pessoa certa".

Isso quer dizer que se alguém entra em nossas vidas não é por acaso. Ele veio de alguma forma para se conectar e interagir conosco e nos ensinar de alguma forma. Também é instrumento capaz de nos fazer avançar, crescer e evoluir em cada situação.

A segunda diz: "Aconteceu a única coisa que poderia ter acontecido".

Nada acontece por acaso. Acasos não existem. Tudo que acontece em nossas vidas é exatamente como poderia ter acontecido, não existe outra forma. Não há nenhum "se eu tivesse feito tal coisa…" ou "aconteceu que um outro…".

Despedida de casada

"E se eu tivesse feito assim..." Não. O que aconteceu é porque tinha que acontecer exatamente assim. E mais uma vez, o que aconteceu foi para aprendermos uma lição e seguirmos em frente.

A terceira diz: "Toda vez que você iniciar é o momento certo".

As coisas só acontecerão em nossas vidas quando estivermos prontos para que elas aconteçam. Um novo ciclo só começa quando um antigo ciclo se encerra. Quando estamos prontos para começar algo é que esse algo acontece – nem antes e nem depois, mas na hora certa. Algumas pessoas comentam comigo que eu poderia ter me separado há mais tempo. No entanto, com o conhecimento que tenho hoje, eu não tenho dúvidas que foi no momento certo, na hora certa.

E a quarta e última afirma: "Quando algo termina, ele termina".

Viemos a esse mundo para viver inúmeras experiências, aprendermos e evoluirmos. A maior evolução é a nossa transcendência, nossa espiritualidade, nossa paz. Se continuarmos voltando às páginas do passado, o presente não é vivido e o futuro não chega.

Ao estarmos abertos para que o novo chegue, também estamos prontos para fechar as portas do passado. É preciso deixar de voltar às mesmas páginas de um livro para que se possa ler novos livros maravilhosos que só estão aguardando uma chance para fazer parte de nossas vidas ou que possamos concluir a leitura daquele livro e encerrar aquela história.

Por isso, amiga, eu te convido, vire a última página sem dor no coração e escreva uma nova história em sua vida. Você é única e o molde em que você foi feita foi descartado. Cuide de si em todas as dimensões: física, emocional, profissional, intelectual, financeira, espiritual e social.

Dimensão física: exercite-se, cuide da sua alimentação, mantenha hábitos saudáveis, faça um *check-up* regularmente, durma suficiente para reparar seu cansaço e beba, no mínimo, dois litros de água por dia.

Dimensão emocional: encontre maneiras adequadas de expressar sua emoção, elogie, peça desculpas, deixe sua criança interior aflorar, brinque, perceba o lado positivo dos acontecimentos, fuja de pessoas que reclamam de tudo e de todos.

Dimensão profissional: trabalhe com o que você ama fazer e não sentirá cansaço em momento algum, especialize-se na sua área de atuação. Não ganhe dinheiro para ser feliz e sim seja feliz e ganhe dinheiro.

Despedida de casada

Dimensão intelectual: pesquise e leia assuntos do seu interesse. Participe de treinamentos, seja curiosa e tenha um *hobby*.

Dimensão financeira: especialize-se em saber ganhar, gastar e investir. Escrevi um capítulo detalhando como organizar sua vida financeira. Se precisar, leia novamente.

Dimensão espiritual: estabeleça uma disciplina espiritual com a fé que você professa. Seja tolerante com as crenças e valores dos outros. Seja grata. A gratidão abre as portas para a conexão com o ser superior.

Dimensão social: tenha interação ativa com amigos e familiares e desenvolva relacionamentos saudáveis com eles.

Durante a leitura deste livro nós passamos pela certeza do fim, a decisão da separação, autoconhecimento, respeito e amor aos filhos, independência financeira, perdão, amor próprio e, por último, abrimos a porta do nosso coração para amar novamente e escrever uma nova história para nossa vida. Então, construa sua nova jornada, do seu jeito e nunca se esqueça de primeiro colocar a máscara em VOCÊ.

Estou muito feliz por você ter chegado até aqui! Siga em frente!

Gratidão!

Bertu Teixeira

Referências

SELIGMAN, Martin E.P. *Felicidade autêntica*. 1ª ed. Rio de Janeiro: Editora Objetiva, 2004.

AMÉLIO, Amilton. *O mapa do amor*. 2ª ed. São Paulo: Editora Gente, 2001.

CHAPMAN, Gary. *As 5 linguagens do amor*. Tradução Iara Vasconcelos. São Paulo: Editora Mundo Cristão, 1997.

Esquiva. <http://www.aulete.com.br/esquiva>, Acesso em 18/01/2018.

As 4 Leis espirituais da Índia. <http://despertarcoletivo.com/as-4-leis-da-espiritualidade/>, Acesso em 18/01/2018.

Mulheres são vítimas em sites de relacionamento. <http://diariodonordeste. verdesmares.com.br/cadernos/policia/mulheres-sao-vitimas-de-golpe-em-sites-de-relacionamento-1.1260433>, Acesso em 18/01/2018.